星球研究所 著

少年中国地理

秘境西部

湖南科学技术出版社　博集天卷

秘境西部

穿越1万年看中国

CHINA

特别鸣谢

为本书提供影像作品的
全体机构和摄影师们！

鲜活的中国地理

"到各地去看看"，相信这是所有孩子共同的向往，我小时候也这样想。我中学毕业是在 20 世纪 50 年代初，有的同学考大学报地理专业，就是想到各地去看看，现在管这叫"旅游"。

旅游的讲究可大了，各人旅游的收益可以大不相同。苏东坡写过"庐山烟雨浙江潮"的诗，没有去过的时候难受得"恨不消"，真去了发现也就那么回事。外行看热闹，内行看门道，关键在于有没有看到"门道"。有的人旅游就是拍纪念照、买纪念品，但是也有人一路看一路问，回来有说不完的感想。旅游不仅是休闲，假如出去前做准备，回来后做整理，那旅游就成了一种学习。

这就很像古代的"游学"，读万卷书，行万里路，开阔视野，体验人生。其实世界上最初的教育就是"游学"，课堂教育是后来的事。孔子授课就不用教室，许多大学者也都有游学的经历。司马迁 20 岁左右就开始游各地的名山大川，正因为有了一生三次远游的经历，他的《史记》才会写得如此成功。

古代游学之风相当盛行，"仰观宇宙之大，俯察品类之盛"，属于治学的重要环节。如今随着技术的发展，"游学"的方式早已今非昔比。有了摄影技术、网络技术，已经可以通过图书"居家游学"，或者通过云课堂"在线游学"，效率大为提高。放在你面前的这套《少年中国地理》，就是陪你"居家游学"的图书。

《少年中国地理》是美丽和智慧交织的产物，精美的图片配上启迪性的知识，每一幅美丽山水的背后，都蕴含着一番科学的道理。这种"游学"补充了课堂教育的不足，可以将地质地理、水文气象、动物植物，甚至于历史考古的知识融为一体，渗透在锦绣山河的美景里，让你在听故事、问道理的过程中，不知不觉地增长见识。

从历史视角看地理，是这套书的一大特点。地理现象通常是从三维空间进行描述，然而《少年中国地理》别具慧眼，从地质构造演变、人类社会发展和当前国家建设三个时间尺度入手，探讨地理现象的来源，用动态演变取代静态描述，在四维时空里展现活的中国地理。

而这恰恰发挥了中国地理的长处。因为东亚大陆是拼起来的，两亿多年前华南板块和华北板块碰撞，四五千万年前印度洋板块和亚欧板块的碰撞，逐步演化形成了如今的三级阶梯地形。"一江春水向东流"的局面，是两三千万年前才出现的。因此，中国地貌本身就是一部移山倒海的活教材。

《少年中国地理》对各地人文历史的介绍，有助于孩子们理解中华民族壮大的过程。我们过于强调华夏文明的一元性，往往忽视了其逐步融合成长的历程。我们自称"炎黄子孙"，其实炎帝和黄帝就不见得是一家。应该歌颂的是我们祖先的凝聚力，将中原和边陲的部族逐步融合为一，才形成了世界上最大的民族。

"谁不说咱家乡好"，乡土地理向来是爱国爱家最有效的教育，而国内几十年来的突飞猛进，更是中国地理历史性的亮点。但是这种家国情怀是需要激发的。反差就是一种激发方式，宇航员回到地球时，会为享有地心吸引力而感到幸福；侨居海外的华人，更加能体会到强大祖国的可贵。另一种激发方式就是集中展现，像《少年中国地理》这样，把中华大地几十年巨变的真相，凝聚成图文放在我们面前。

有时候我们过分相信口头语言或者文字的力量，以为课堂上讲过的东西孩子们就该相信。其实依靠"灌输"的杠杆，虽然可以训练学生的适应力，却不见得真能打动他们的心，因为深入内心的教育只有通过启发这一条途径。高质量的图书和视频，是新技术支持下进行新型教育的好形式。学生自己看、自己听，从真人真事里得出结论，比考试压力下的教育有效得多。这也正是我们欢呼《少年中国地理》出版的原因。

教育的最高原则在于一个"真"字，应试教育的负面效应之一，就是容易误导学生去说套话、说假话，其实那是教育事业的"癌症"。近代教育家陶行知先生说过，千教万教教人求真，千学万学学做真人。衷心祝贺《少年中国地理》的出版，希望这套图书有助于推行"真"的教育，教同学们说真话，求真理，做真人。

中国科学院院士

汪品先

2022 年 6 月 30 日

以中国山河，致中国少年

地理对青少年的意义，不言而喻！它是青少年探索世界、认知世界的重要途径之一。

星球研究所创立至今已有 6 年。6 年间，我们一直致力于用极致的科普作品，和读者一起探索极致世界，解构世间万物。从 2019 年起，我们陆续出版了典藏级国民地理书"这里是中国"系列，受到了很多读者的喜爱，也获得了非常多的奖项，这让我们倍感荣幸。

在这个过程中，我们收到了许多父母、孩子的留言，他们表达了对地理的热爱，以及期望星球研究所能出版专门针对青少年的科普书籍的愿望。一位家长还分享了他用家庭投影仪给孩子投放星球研究所文章与视频的经历。

这让我们印象十分深刻，也很感动。我们逐渐认识到出版一套专门针对青少年的中国地理科普全书，是必要的。

因为中国地理的丰富，确实值得每一个中国少年去了解！

你知道中国是"万岛之国"吗？

中国不只有海南岛、台湾岛这些知名的大岛，我国总计拥有海岛超过 11000 个[1]，还有许多有待我们了解。

你知道中国西部有一个"冰冻星球"吗？

那里生长着 5.3 万条冰川[2]，冰储量可以装满 100 多个三峡水库[3]。中国是全球中低纬度冰川规模最大的国家。

你知道中国曾发生过超级火山喷发吗？

大约 1000 年前，位于东北的火山——长白山发生了一次超级喷发。火山灰还漂洋过海，如雪花般散落在日本。也正是在这次喷发的基础上，才诞生了如今中国最深的湖泊——长白山天池。

---

1 数据源自自然资源部2018年发布的《2017年海岛统计调查公报》，不含港澳台数据。
2 数据源自冉伟杰等人的《2017—2018年中国西部冰川编目数据集》一文。
3 数据源自刘时银等人的《基于第二次冰川编目的中国冰川现状》一文，中国冰川储量为4300～4700立方千米。而三峡水库的总库容量为39.3立方千米。

你知道中国拥有"地球之巅"吗?

青藏高原平均海拔超过 4000 米,地壳厚度可达 80 千米 [1],是世界上最高、最厚、最年轻的高原。世界上海拔最高的山峰——珠穆朗玛峰,世界上海拔最高的山脉——喜马拉雅山脉,都位于这里。

你知道中国不只有一个"桂林山水"吗?

中国南方无数的石林、峰林、峰丛、溶洞、天坑,构成世界上规模最大、最壮观的喀斯特地貌分布区,涉及湖北、湖南、四川、重庆、贵州、云南、广西、广东等多个省(市、自治区),不仅许多地方有着类似桂林山水的美景,而且还有许多独特的喀斯特景观是桂林山水所没有的。

你知道中国真的是一个"红色国度"吗?

1000 余处以红色陡崖为主要特征的丹霞地貌,遍布中国 28 个省级行政区,江西龙虎山,安徽齐云山,福建大金湖、冠豸(zhài)山,浙江江郎山,湖南崀(làng)山,四川青城山、乐山大佛,甘肃崆峒山、麦积山皆是如此,可谓万山红遍 [2]。

你知道中国的黄土高原有多独特吗?

中国黄土高原地区 [3] 总面积多达 64 万平方千米,是世界上最大、最厚、最连续的黄土覆盖区。这些土质疏松、利于垦殖的黄土,正是孕育华夏文明的摇篮。

你知道中国是个"季风国度"吗?

我们拥有全球典型的季风气候。每年夏天,夏季风裹挟着水汽由南向北推进。由此在中国大地上,雨带随之进退,江河也随之涨落。而每年冬天,冬季风不断南下,往往带来寒潮。

你知道中国是"哺乳动物的王国"吗?

中国是世界上哺乳动物物种最多的国家之一,有 687 种 [4] 哺乳动物在这片土地和水域生存。

---

1 数据源自侯增谦等人的《青藏高原巨厚地壳:生长、加厚与演化》一文。

2 此处参考黄进等人的《中国丹霞地貌分布(上)》一文。

3 黄土高原的范围存在广义与狭义之分,广义的"黄土高原地区"大致在祁连山、贺兰山以东、阴山以南、秦岭以北,太行山、管埝山以西的广大地区。此处采用广义的概念。

4 数据源自中国科学院生物多样性委员会发布的《中国生物物种名录》2022版一书。

你知道中国自古以来就是"超级工程的国度"吗?

诸多大江大河、人口及资源的分布不均等诸多原因,使得中国大地上,从古至今,一直以大量超级工程著称。古有都江堰、隋唐大运河、京杭大运河,如今则有长江三峡水利枢纽、南水北调工程、西气东输工程,以及全球最大的林业生态工程——三北防护林等。

⋯⋯⋯⋯

这真是一片神奇的土地!

中国少年,值得这样的中国山河!中国山河,也值得有更多热爱它、了解它的中国少年!而我们的任务,就是把中国山河用最好的方式呈现给中国少年!

于是,就有了这套《少年中国地理》。我们希望通过这套书,把中国的山河,摆到每一位中国少年的书架上。

但另一方面,中国山河的丰富,远远超出任何一套书的厚度,哪怕这套书有 1300 多页。

所以,我们更希望通过这套书,能激发每一位中国少年,由此亲身走进广阔的中国山河,做一个勇敢的中国地理探索者,这将是全中国最酷的事情之一!

请和我们一起继续那个梦想:

有一天,我们要将中国的雪山看遍。

有一天,我们要将中国的江河看遍。

有一天,我们要将中国的城市看遍。

⋯⋯⋯⋯

这里的我们,也包括少年的你。

星球研究所所长

耿华军

2022 年 7 月 18 日

目录

3

伊犁

遥远西域的壮志雄心

4

阿里

荒野与文明

极致、多元的西部

走过了古老而又年轻的北方地区以及山水灵动的南方地区，接下来的西部地区，又会有什么新的发现呢？本册所指的西部地区主要覆盖了中国三大自然区中的西北干旱半干旱区和青藏高寒区。

西北干旱半干旱区

西北干旱半干旱区位于大兴安岭以西，昆仑山—阿尔金山—祁连山和长城一线以北，主要处于我国三级阶梯地形的第二级阶梯，其东部主要是内蒙古高原，西部则是高山与盆地相间排列。

干旱是西北干旱半干旱区主要的气候特征。这里以温带大陆性气候为主，夏季温暖，冬季寒冷。西北深居内陆，距海遥远，受东亚夏季风影响较小，再加上山脉的阻挡，来自海洋的湿润水汽难以到达。因此这里大部分地区气候干燥，年平均降水量在 400 毫米以下，且降水量大致自东向西递减。在这样的气候影响之下，西北地区东部以草原为主，西部则分布了大面积的荒漠。

降水稀少，气候干旱，这使得流淌在本区域的河流比东部地区少得多，且大部分为季节性河流，水量季节变化较大，来自高山的冰雪融水是河流主要的补给来源。西北地区的自然环境直接影响了人们的生产生活方式。在河流的滋养下，这里出现了片片肥美的草原和点点生机盎然的绿洲，人们以此为基础，发展起有别于东部的畜牧业、绿洲农业。

西北地区的环境孕育出了与中原不同的文明：吐火罗游牧部落曾在罗布泊安家，并留下了神秘的文明遗迹，同在罗布泊崛起的楼兰古国也创造了多元的文化。与此同时，西北地区作为古代丝绸之路的必经区域，是中原地区与西域乃至西亚、南亚及欧洲等地经济和文化交流的重要廊道。生动传神的佛像、精美的壁画、宏伟的石窟……这些生动传神的遗迹无不昭示着东西方文化在这里碰撞与融合所擦出的灿烂文明火花。

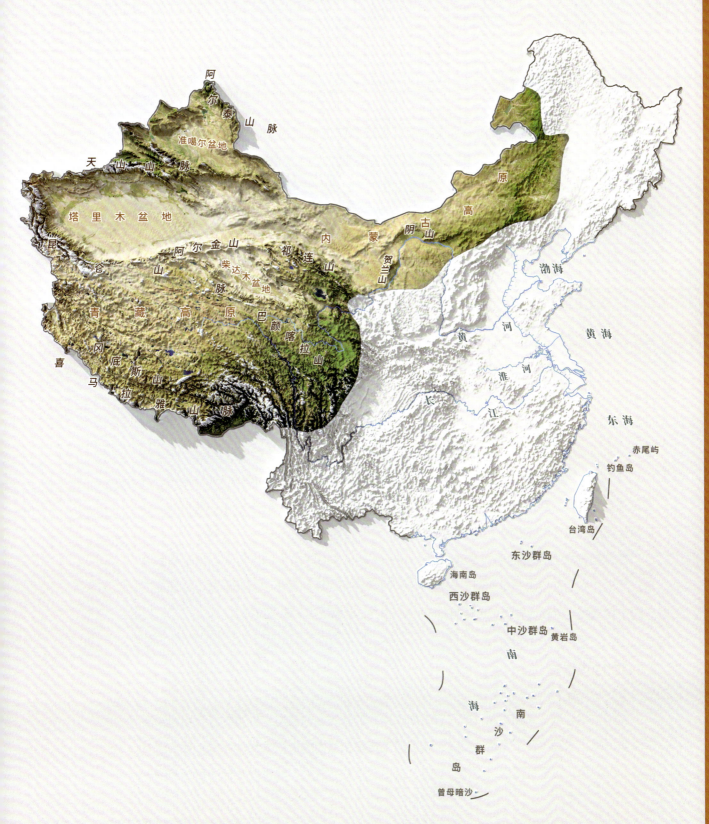

阿
尔
泰
山
脉

准噶尔盆地

天
山
山
脉

塔 里 木 盆 地

昆
仑

阿
尔
金
山
脉

祁
连
山

柴达
木盆
地

内

蒙

古

高

原

阴
山

贺兰山

渤海

黄

河

河

黄 海

青 藏 高 原

巴
颜
喀
拉
山

喜
马
拉
雅
山
脉

冈
底
斯
山

长

江

淮
河

东 海

赤尾屿

钓鱼岛

台湾岛

东沙群岛

海南岛

西沙群岛

中沙群岛

黄岩岛

南

海

沙

群

岛

曾母暗沙

▲ 中国西部地区地形图

本图西部地区范围参考人教版教科书《地理》八年级下册中的《我国的四大地理区域》地图绘制。

青藏高寒区

青藏高寒区位于昆仑山脉、阿尔金山、祁连山以南，横断山脉以西。"高冷"是这里的独特气质。

"高冷"中的"高"，指的是海拔高。青藏高寒区所处的青藏高原，平均海拔在4000米以上，是世界上海拔最高的高原，是名副其实的"世界屋脊"。一列列绵延的超级山脉在此拔地而起，如"万祖之山"昆仑山脉、"山界之王"喜马拉雅山脉等。

另一个气质便是"冷"，青藏高原的高海拔使得这里的气候较为寒冷。高原上1月份平均气温低至 -15℃～ -10℃，7月份平均气温大致在 10℃～ 20℃，这里是中国夏季最凉爽的地方。

由于常年低温，降雪落在高山上，日积月累，层层堆积，逐渐变成规模庞大的冰川。青藏高原拥有4万多条冰川，冰川总面积达4万多平方千米，是全球同纬度最大的冰川活动中心，是名副其实的"冰川王国"。

冰川融水顺势而下，汇集成大大小小的河流和湖泊。长江、黄河、澜沧江、雅鲁藏布江等中国乃至亚洲的诸多大江大河均发源于此。同时青藏高原分布着 1000 多个面积大于1平方千米的湖泊，是地球上海拔最高、湖泊数量最多的高原湖群分布区。水以冰川、河流、湖泊、沼泽等不同形态存储在青藏高原上，使得这里成了一座"超级水塔"。

"高冷"的青藏高寒区并非了无生机之地。各种适应高寒环境的植物，如点地梅、绿绒蒿等竞相绽放，给荒芜的大地带来了缤纷的色彩。鼠兔、白唇鹿、藏羚羊、藏野驴，还有强壮无比的野牦牛等高原生灵，在这片广袤的大地上繁衍生息。

恶劣的环境并没有阻挡人类的脚步。早在4万～3万年前，现代智人已踏足青藏高原。后来，人们在这里开垦农田、进行游牧、建造房屋、规划城市、发展宗教，在历史的长河中建立起了象雄、吐蕃、古格等政权，创造了古老而灿烂的高原文明。

我们的旅程

我们的旅程首先来到甘肃，掀开它干旱、萧瑟的外衣，你会发现甘肃的多元和精彩超乎想象。陇东和陇中黄土高原、陇南山地、河西走廊和甘南高原四大地理区域，赋予了甘肃多元的底色。这里有雪山、沙漠、戈壁、草原、森林、丹霞、峡谷等多样的自然景观；

这里有东乡族、保安族、蒙古族、撒拉族、哈萨克族等民族及各民族创造出的多样文化；这里有壁画、塑像、古城等构成的艺术宝库……多元而美丽，才是甘肃真实的模样。

随后继续往西北方向进发，探索一只神奇的"大地之耳"——罗布泊。它曾是一个众水汇聚的大湖，湖泊周围草木繁茂，生机盎然。依托着良好的自然环境，吐火罗人在此兴建家园。之后，神秘的楼兰古国也在此崛起。而日渐干旱的环境，加上人类活动，使得这里的水源逐渐干涸，曾经的辉煌文明随之覆灭。但罗布泊的故事并没有结束，它的传奇被今天的人们续写。

走过大湖，接着往西北边疆挺进，来到一个美好而遥远的地方——伊犁。它是藏在天山腹地的"塞外江南"。这里气候温暖湿润，水草丰美，是古代游牧民族的聚集地。乌孙等游牧民族曾在这里建立强大的政权。这里有着重要的军事地位，在历史上是一块"兵家必争之地"。发生在清朝时期的一场翻天覆地的大改造，更使伊犁成为新疆的中心。如今的伊犁，遥远西域的雄心依然在跳动。

离开大西北，去往更高、更冷的青藏高寒区，来到"世界屋脊的屋脊"——阿里地区。喜马拉雅山脉、冈底斯山脉、喀喇昆仑山脉、昆仑山脉等一条条隆起的山脉在这里比肩而立，象泉河及其支流与厚厚的"土层"共同创造了规模庞大的札达土林。距今约 1 万年前，人类便踏入阿里，在这里创造了早期文明。随后，象雄王国、古格王国等辉煌的高原文明在此繁盛。山、水、土、人四大元素缔造了阿里的荒野，也缔造了阿里的文明。

多元的甘肃，神秘的罗布泊，美丽的伊犁，荒野又文明的阿里，西部地区的精彩远不止于此。在这片广阔的西部大地上，极致的自然风光是它的底色，古老而神秘的文明为这里抹上鲜艳的色彩。秘境西部的那块神秘面纱，正等待着我们去缓缓掀开。

这里有在黄土上修筑的农田

也有山林青翠延绵

这里有绿洲与风沙漫天

也有青草蔓延的高原

周秦的先民

在这里积蓄力量

汉家的铁骑

在这里炫耀军威

还有丝绸之路上

来来往往的异国旅人

在这里留下深藏着的经卷

这就是甘肃

它是一片古老的美丽土地

更是一个精彩多元的交会地带

甘肃 多元而美丽

阿尔金山5798米

疏勒

敦煌

安 南 坝 山 野

党 河 南

柴达木盆地

多元的民族文化

全国56个民族在甘肃都有分布，其中东乡族、保安族、裕固族主要分布在甘肃省。

甘肃省东乡族、保安族、裕固族的人数占全国该民族总人数的比重

数据源自：甘肃省统计局《甘肃省2010年人口普查资料》

87.9%
东乡族

90.1%
保安族

90.4%
裕固族

高原 32.2%

山地 43%

平地 24.8%

甘肃各类地貌占比

数据源自：甘肃省地方史志编纂委员会《甘肃省志·自然地理志》

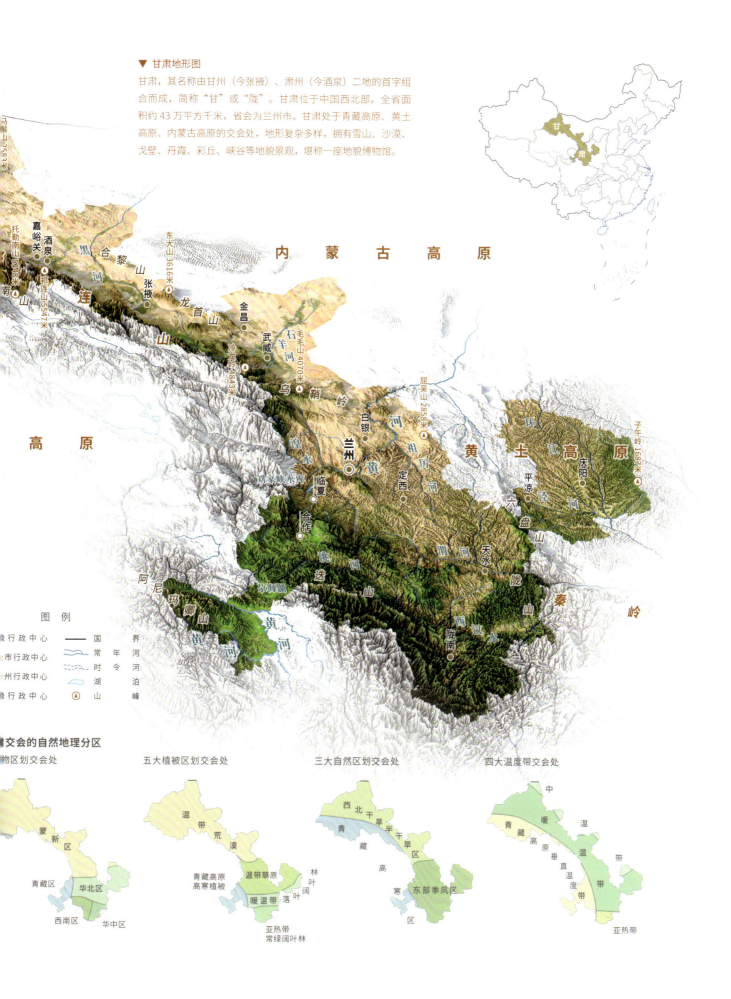

▼ 甘肃地形图

甘肃，其名称由甘州（今张掖）、肃州（今酒泉）二地的首字组合而成，简称"甘"或"陇"。甘肃位于中国西北部，全省面积约 43 万平方千米，省会为兰州市。甘肃处于青藏高原、黄土高原、内蒙古高原的交会处，地形复杂多样，拥有雪山、沙漠、戈壁、丹霞、彩丘、峡谷等地貌景观，堪称一座地貌博物馆。

内 蒙 古 高 原

东大山3616米

马鬃山1753米

嘉峪关
酒泉
黑
合
黎
山
河
张掖
龙
首
山
金昌
武威
石羊河
乌
鞘
岭
白银
屈吴山2858米
环
江
庆阳
子午岭1688米
托勒南山5512米
祁连山5547米
冷龙岭4843米
湟
水
刘家峡水库
兰州
黄
祖
厉
河
定西
黄
土
高
原
平凉
六
盘
山
登
河

高 原
临夏
合作
洮
河
送
河
渭
河
天水
秦
岭
阿尼玛卿山
黄
河
尕海
黄
河
西
汉
水
陇南
毛毛山4070米

图 例

级行政中心		国界		年令
市行政中心		常时河河		
州行政中心		湖		湖泊
级行政中心	▲山峰			

交会的自然地理分区

物区划交会处

蒙新区
青藏区
华北区
西南区
华中区

五大植被区划交会处

温带荒漠
青藏高原高寒植被
温带草原
暖温带
林叶阔叶落
亚热带常绿阔叶林

三大自然区划交会处

西北干旱半干旱区
青藏高寒区
东部季风区

四大温度带交会处

中温带
青藏高原垂直温度带
暖温带
亚热带

▲ 甘肃祁连山南坡的雪山／摄影 马鸿炜

少年中国地理：秘境西部

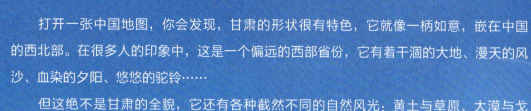

　　打开一张中国地图，你会发现，甘肃的形状很有特色，它就像一柄如意，嵌在中国的西北部。在很多人的印象中，这是一个偏远的西部省份，它有着干涸的大地、漫天的风沙、血染的夕阳、悠悠的驼铃……

　　但这绝不是甘肃的全貌，它还有各种截然不同的自然风光：黄土与草原、大漠与戈壁、森林与激流、雪山与峡谷。它有种类繁多的动植物，可爱的大熊猫和机灵的金丝猴都在这里找到了属于自己的家园。甘肃还是一个多元而精彩的交会地带，除了自然环境和动植物，各民族、文化也都在这里交会融合。

　　对甘肃的认识，不应只有"偏远"和"荒凉"这种标签，多元而美丽才是它的本色！甘肃超乎想象的丰富从何而来？这要从它的地理环境说起。根据地形地貌的不同，甘肃可以被分成四个区域：陇东和陇中黄土高原、陇南山地、河西走廊和甘南高原。不同的地理区域面貌各异，共同创造了一个多彩的甘肃。而且这四个区域轮番登场，分别以自己独特的角色，一次次把甘肃推向中国历史的大舞台，深刻影响了中华文明的发展走向。

第1幕

黄土高原

第一个登场的，是位于甘肃中部和东部的黄土高原区域。时光倒回到夏朝末年，据后世传说，周人的先祖不窋（zhú）在夏朝担任农官。然而，此时的夏朝已经走向了末路，朝政混乱，农业生产陷入停滞，不窋也因此失去了掌管农事的官职。不窋意识到，中原并非久留之地，于是他率领周部落向西迁徙，来到了如今的甘肃庆阳一带繁衍生息。

▶ 甘肃中东部黄土高原区地形示意图

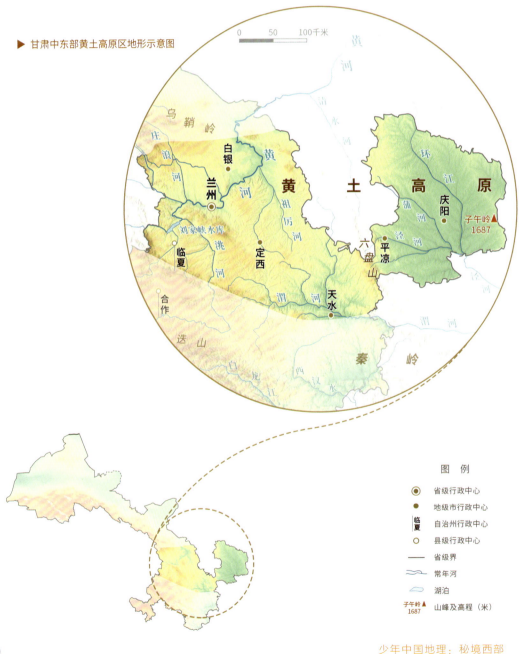

图 例

◎ 省级行政中心

● 地级市行政中心

临夏 自治州行政中心

○ 县级行政中心

—— 省级界

常年河

湖泊

子午岭 山峰及高程（米）
1687

▲ 层层叠叠的黄土高原梯田／摄影 何旭龙

　　庆阳一带处于黄土高原，"沟壑纵横、支离破碎"是这里最典型的地貌特征。这种破碎的地形是在雨水的冲刷以及河流的侵蚀下形成的。不过，虽然地表有千万条沟壑，但也有着大大小小的平地。平地之上是平均厚达 50 ～ 80 米的易耕种黄土，人们可在此进行农业耕作。

　　迁移到这里的周人，在黄土之上发展农业生产。随着农业生产的发展，周人的部落也逐渐壮大，他们先从甘肃扩展到陕西，之后又从渭河流域出发，开启了武王伐纣的序幕。最终，羽翼丰满的周部落建立了周朝。

　　随着农耕技术的不断进步，如今，我们可以看到人们在黄土上修筑的梯田蜿蜒连绵、层层堆叠。哪怕是一块普通的小山头，也被打理得井井有条。春天，千树抽枝、百花盛开，红的、黄的、白的，缤纷多彩；夏天，雨水让梯田被浓浓的绿意覆盖；冬天，白雪覆盖了原本的黄土，梯田一圈一圈向山顶聚集，如同大地的指纹。

典型的黄土地貌有哪些？

黄土质地疏松，容易受到水流的侵蚀。即使是很小的水流，也可以留下深深的沟痕。根据流水侵蚀程度和黄土下覆的古地貌的不同，黄土高原上形成了三种不同的地貌：黄土塬（yuán）、黄土梁（liáng）、黄土峁（mǎo）。

▲ 黄土塬／摄影 许兆超
图中为位于甘肃庆阳的董志塬，从空中俯瞰，如果不是四周深切的沟谷提醒，我们几乎会把它等同于一个平原。

黄土塬

又称"黄土平台"，它的顶部平坦开阔，周围是倾斜的陡坡和深深的沟谷，如同一张黄土做的大方桌。甘肃庆阳有黄土高原上面积最大的塬——董志塬，其塬面面积达900多平方千米，大小相当于十多万个足球场。这里有相对充足的降水和肥沃的土壤，是发展农业的宝地，尤其是平坦开阔的塬面，给机械化农业生产带来了可能。

▲ 黄土墚／摄影 王宏宾
公路沿着黄土墚向远处延伸。

黄土墚

　　当流水侵蚀加剧，黄土塬的塬面日益破碎，形成大量沟谷。原本完整的塬面被沟谷分割成一条条长条状的黄土梁子，当地人称之为"墚"。黄土墚长度可达几千米到几十千米，像一条条巨龙蜿蜒在黄土大地上。

黄土峁

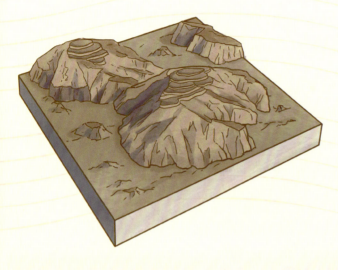

随着雨水和河流的进一步侵蚀，黄土进一步流失，"墚"进一步被沟谷切割分离，形成一个个孤零零的黄土丘，这就是黄土峁。黄土峁呈圆形或椭圆形，就像一个大大的黄土"馒头"，四周则形成陡峭的黄土沟。

▼ 黄土峁／摄影 任世明
一个个孤立的黄土峁在大地上延伸排列，雨水在峁的边缘冲刷出一道道沟痕。

陇南山地

西周末年，西周王室内乱，犬戎入侵，被拥立的周平王将都城迁往洛邑（yì）（今河南洛阳）。中国历史上，边缘征服中央的王朝更替频繁上演。正是在这样的更替之中，甘肃迎来了它第二次光辉时刻。而这次，它将催生中国历史上第一个大一统王朝——秦朝！

这个伟大王朝却有着一段卑微的身世。大约 3000 年前的西周孝王时期，秦始皇的祖先非子，还是一个为西周王室养马的"马倌"。养马出身的非子，因为高超的养马能力，被周王赐予"秦邑"，专门负责给王室养马。当时的"秦邑"，就位于如今的甘肃天水一带，它的所在地——陇南山地随之登场。

▶ 甘肃陇南山地地形图

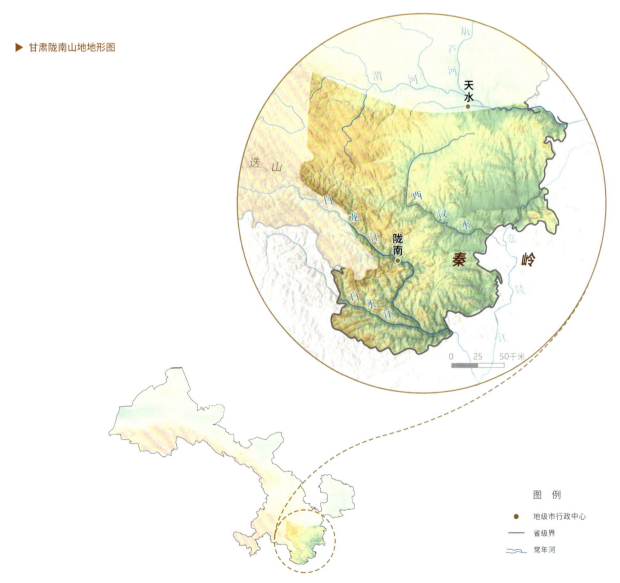

图　例
● 地级市行政中心
—— 省级界
〰 常年河

甘肃

陇南山地位于甘肃省的东南部。秦岭由东而来，岷山由南而来，两条山脉在这里交会。在我们印象中，甘肃干旱少雨，荒漠戈壁广布，是一个少有绿色的地方。而陇南山地却郁郁葱葱，溪水跌宕，有"陇上江南"的美称，这样的景观颠覆了人们对甘肃的认知。

这里是甘肃唯一拥有亚热带气候的地区。温暖湿润的气候，再加上高低起伏的地形，陇南山地形成了明显的垂直自然带。你可以在这片山地中一眼看遍四季：山顶白雪皑皑，山下却春暖花开。不同种类的植物，像红豆杉、秦岭冷杉、岷江柏木等珍稀树木都可以在这里找到归属地。

说到大熊猫，我们可能第一个想到的是四川。事实上，陇南山地也是大熊猫重要的栖息地之一。这里生长着大片竹林，其中，可供大熊猫食用的竹子就有9种。此外，金丝猴、羚牛、红腹锦鸡等20多种珍稀动物都在陇南山地中安了家。

▲（上）金丝猴／摄影 陈建伟

▲（下）红腹锦鸡／摄影 陈建伟

◀ 大熊猫／摄影 陈建伟

◀ 甘肃白水江国家级自然保护区的森林和瀑布／摄影 邹滔
甘肃白水江国家级自然保护区位于甘肃省南部，属于亚热带季风气候。
区内植被葱郁，流水潺潺，有大熊猫、珙桐等多种珍稀野生动植物。

除了拥有丰富的动植物资源外，陇南山地的水资源也十分充沛。山谷间飞瀑流泉，汇聚成众多河流。美丽的白龙江，在甘肃境内流淌了450千米，为陇南的母亲河。另一条重要的河流——西汉水，全长220千米，是嘉陵江的一条重要支流。在陇南山地众多河流之间，诞生了许许多多引人入胜的故事。《诗经》中的名句"蒹（jiān）葭（jiā）苍苍，白露为霜，所谓伊人，在水一方"讲述的就是发生在陇南山水间，主人公对所爱之人可望而不可及的爱情故事。

丰沛的水资源，让河谷的两侧以及山峦的平缓处生长出茂盛的牧草。有了肥美的牧草，秦人就可以在这里饲养大批良马，良马又可以装备出强大的军队。除此之外，陇南山地的井盐开采非常发达，而食盐是当时重要的经济资源之一。陇南山地源源不断的食盐，也给秦国带来一笔不菲的财富。秦封泥[1]中就有"西盐""西盐丞"等职官的记录，可能与今甘肃礼县盐官镇一带的盐业有关。

既有财富，又有强大的战马和军队，一代代秦人励精图治，他们不断向外讨伐，将土地从陇南扩张到渭河流域。而在周平王东迁时，秦襄公因护送有功，被分封诸侯，岐（今陕西岐山东北）以西土地尽归秦人所有。就是这样一步步积攒力量，秦从一个养马的部族，逐渐扩大领地，最终，在公元前221年，秦始皇横扫六国，建立了中国历史上第一个中央集权制王朝——秦朝。

---

1 秦汉时期，中央下达的文件或人们往来的书信大都写在竹简、木札上，为了防止内容泄露，除了用绳捆好外，还会在封口处糊上泥团，并在泥上盖上玺印，这种泥土即为"封泥"。

▼ 西汉水／摄影 方向

甘肃陇南山地，降水充沛，山地发育出了众多河流。《诗经·秦风·蒹葭》是秦地的一首情诗，表达了一位追求所爱而不得的人心中的惆怅与苦闷[1]。

诗经·秦风·蒹葭*

[先秦] 佚名

蒹葭苍苍，白露为霜。所谓伊人*，在水一方。溯洄（huí）从之，道阻且长。溯游从之，宛在水中央。

蒹葭凄凄，白露未晞*（xī）。所谓伊人，在水之湄。溯洄从之，道阻且跻。溯游从之，宛在水中坻*（chí）。

蒹葭采采，白露未已。所谓伊人，在水之涘*（sì）。溯洄从之，道阻且右。溯游从之，宛在水中沚*（zhǐ）。

* 蒹葭：芦苇。
* 伊人：作者心中仰慕、想要追求的对象。
* 晞：干。
* 坻：水中的小洲或高地。
* 涘：水边。
* 沚：水中的小块陆地。

诗地：

在水一方：这里的"水"指的是位于陇南山地的河流。

释义：

河边大片的芦苇颜色青苍，清晨的露水已凝结成了霜。我所怀念的心上人啊，她就站在河水的那一方。我逆流而上去追寻她，道路是多么艰辛又漫长。我顺流而下去寻觅，她仿佛就站在河水中央。

河边的芦苇生长茂盛，清晨的露水还没有被晒干。我所思念的心上人啊，她就站在河水的岸边。我逆流而上去寻找她，那道路坎坷又艰难。我顺流而下去寻觅，她仿佛就站在水中的小洲上。

河畔的芦苇繁茂连绵，清晨的露水还没有完全蒸发。我所追求的人啊，她就站在河的那一头。我逆流而上去寻找她，那道路弯曲又很危险。我顺流而下去寻觅，她仿佛就站在水中的小岛上。

---

1 历年来不同学者对《蒹葭》的创作主旨有不同的看法，有爱情说、祭祀说、求贤说、怀念友人说等，本书采取了其中一种说法。

河西走廊

第3幕

秦建立了统一的中央集权的封建国家，汉随即继承了秦的疆域，并在此基础上发展壮大。但即便是强大的汉王朝，却也一直有一个心腹大患，那就是它的西北强邻——匈奴。经过几代帝王的韬光养晦，到汉武帝时期，实力逐渐变强的汉帝国，才着手准备攻灭匈奴。

急于攻破匈奴的汉武帝从俘虏那里得知，匈奴在西域有一个不共戴天的敌国——大月氏（zhī），因为匈奴曾杀害了他们的国王。俗话说，"敌人的敌人是朋友"，联合大月氏一起消灭匈奴是一个不错的办法。汉武帝决定招募勇士前往西域，与大月氏联合起来夹击匈奴。一位叫张骞的勇士应召前往，开启了出使西域的艰险之途。

▼ 甘肃河西走廊及其周围地形示意图

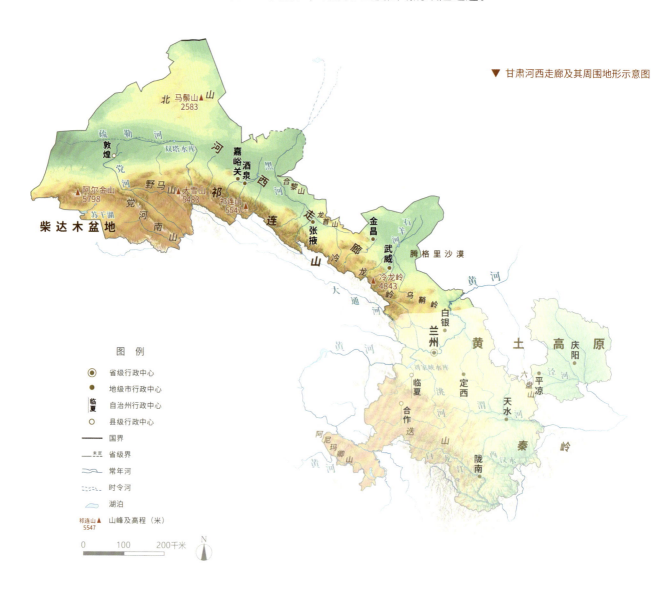

图例

◎ 省级行政中心
● 地级市行政中心
临夏 自治州行政中心
○ 县级行政中心
—— 国界
—— 省级界
～ 常年河
～ 时令河
⬭ 湖泊
祁连山▲ 山峰及高程（米）
5547

0   100   200千米

N

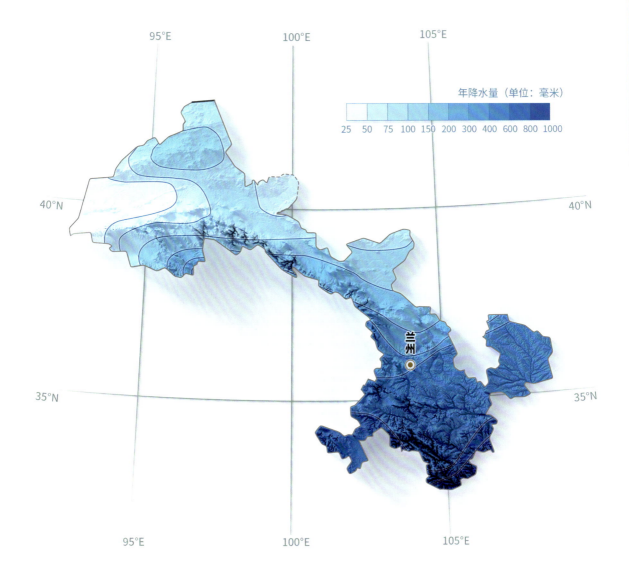

年降水量（单位：毫米）

25 50 75 100 150 200 300 400 600 800 1000

兰州

▲ 甘肃年降水量分布图

　　河西走廊是张骞出使西域的必经之地。河西走廊这个名字，准确概括了它的区位与地形特征。首先，它位于黄河以西，所以叫河西。它的南边是祁连山，北边有合黎山和龙首山，南北山脉的夹峙，让这里的地形状似一条狭窄的走廊。河西走廊以北，是难以逾越的两个大沙漠：腾格里沙漠和巴丹吉林沙漠；而其南面，则是高寒的青藏高原。张骞一行从中原前往西域，无论是翻越高山，还是穿越沙漠，几乎都不可能，除了这条窄窄的"走廊"以外，无路可选。不过，河西走廊并不是一条坦途，这里和西北其他地区一样，气候干旱、风沙满天、冬季严寒……只是在祁连山脚下，相对多了一些河流和绿洲。

为了"凿空"西域，张骞吃了多少苦？

张骞出使西域，注定是艰险异常。当时人们对西域的地理情况知之甚少，而且路途非常遥远，还要穿过敌人的地盘。张骞应征了出使西域，联合大月氏打击匈奴的重大任务。汉武帝为张骞准备了随从百余人，同时，让归顺汉朝的匈奴人堂邑氏的家奴甘父做翻译和向导。汉武帝建元年间，张骞一行人从长安出发，前往西域，去完成联系大月氏的伟大使命。

去往大月氏的路途果然凶多吉少，张骞一行人离开陇西，经过匈奴之地，就遭到了匈奴的攻击，出师不利的他们最终被匈奴俘虏。被俘期间，张骞学匈奴话、着匈奴衣，还与匈奴女子结婚生子，过起了与匈奴人无异的生活。不过，他并没有忘记自己的使命，他在等一个出逃的时机。

这一等，就是十余年。就在匈奴对他的监视有所松弛之时，张骞和甘父趁其不备，逃出了匈奴的控制区。然而他们并没有直接回到长安，而是继续一路向西，寻找大月氏。他们跨过沙漠，翻过雪山，来到了一个叫大宛（yuān）的国家。而大宛国王早就有意与富裕的汉朝通商，建立友好关系。汉使的意外到来，让大宛国王非常高兴。于是，大宛国王盛情款待了张骞与甘父两人，还护送他们顺利到达大月氏。

不料，大月氏已经在妫水流域（今中亚阿姆

▼ 张骞两次出使西域往返路线示意图

张骞在大宛国的护送下前往大月氏，但是大月氏拒绝了联合抗击匈奴的计划，只能无功而返

图 例
◉ 都城
○ 其他居民点
← 张骞第一次通西域往返路线
← 张骞及副使第二次通西域往返路线
注：图中灰色注记为今内容

河）安居乐业，早就没有复仇之心了。历经千辛万苦来到大月氏的张骞，只好无功而返。不幸的是，就在回国的路上，张骞又一次被匈奴所俘，再次被困一年多的时间。不过，幸运的是，在匈奴首领去世、内部混乱的时候，张骞趁乱又逮到机会逃走。汉武帝元朔年间，历时13年后，张骞终于又回到了长安，并将出使西域路上的所见所闻向汉武帝做了详细的汇报。

张骞的这次出使，虽然未能达成与大月氏共同夹击匈奴的目的，但是这一路的经历让张骞变成了"西域百科全书"，刷新了汉朝人对西域的认知，也建立了西汉同西域各国的密切联系。之后，张骞再度出使西域，进一步加强了中国同西域各国的贸易和文化交流，开拓了历史上著名的"丝绸之路"。史学家司马迁把这个过程称为"凿空西域"。

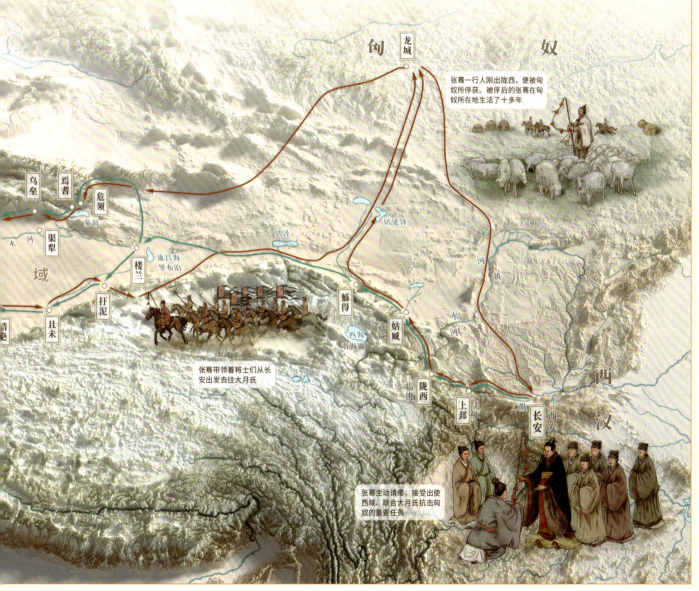

张骞一行人刚出陇西，便被匈奴所俘获。被俘后的张骞在匈奴所在地生活了十多年

张骞带领着将士们从长安出发去往大月氏

张骞主动请缨，接受出使西域、联合大月氏抗击匈奴的重要任务

▼ 张掖干涸的大地／摄影 张自荣
此处为张掖平山湖大峡谷，气候干旱，大地裸露。

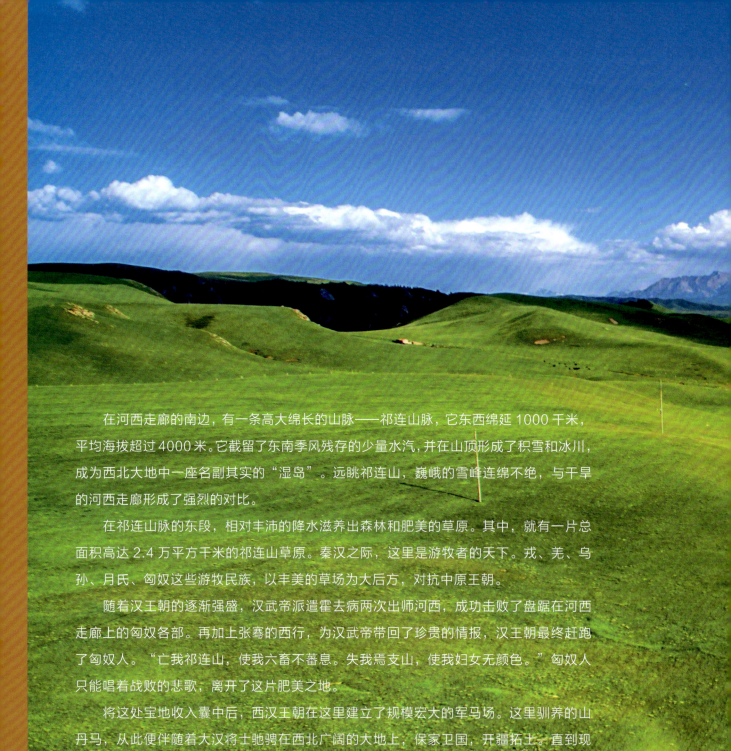

在河西走廊的南边，有一条高大绵长的山脉——祁连山脉，它东西绵延 1000 千米，平均海拔超过 4000 米。它截留了东南季风残存的少量水汽，并在山顶形成了积雪和冰川，成为西北大地中一座名副其实的"湿岛"。远眺祁连山，巍峨的雪峰连绵不绝，与干旱的河西走廊形成了强烈的对比。

在祁连山脉的东段，相对丰沛的降水滋养出森林和肥美的草原。其中，就有一片总面积高达 2.4 万平方千米的祁连山草原。秦汉之际，这里是游牧者的天下。戎、羌、乌孙、月氏、匈奴这些游牧民族，以丰美的草场为大后方，对抗中原王朝。

随着汉王朝的逐渐强盛，汉武帝派遣霍去病两次出师河西，成功击败了盘踞在河西走廊上的匈奴各部。再加上张骞的西行，为汉武帝带回了珍贵的情报，汉王朝最终赶跑了匈奴人。"亡我祁连山，使我六畜不蕃息。失我焉支山，使我妇女无颜色。"匈奴人只能唱着战败的悲歌，离开了这片肥美之地。

将这处宝地收入囊中后，西汉王朝在这里建立了规模宏大的军马场。这里驯养的山丹马，从此便伴随着大汉将士驰骋在西北广阔的大地上，保家卫国，开疆拓土。直到现在，这里依旧有着亚洲最大的军马基地——山丹军马场（现名为甘肃中牧山丹马场总场），每年向军队输送大批体格精壮的骏马，支持和守卫我国的国防安全。

▲ 祁连山山麓的山丹军马场／摄影 刘忠文

山丹军马场

兰州◎

▲ 山丹军马场位置示意图

▲ 祁连山黑河／摄影 吴玮

清澈的黑河从祁连山奔流而出，如同一条玉带，绕过高山，

穿越绿洲，涌向内蒙古的居延海，为河西走廊带来了生机。

　　石羊河、黑河和疏勒河等数十条河流从祁连山奔流而下，奔向干涸的河西走廊。其中的黑河，是中国的第二大内陆河。它从祁连山一路穿越绿洲、戈壁和沙漠，最后注入了内蒙古的居延海。经过了黑河长期的冲积，河西走廊的大地上形成了一片肥沃的土地，孕育出河西走廊最大的一片绿洲——张掖。而另一条重要的河流——党河，则是灌溉敦煌平原的唯一一条河流。它硬是在沙漠戈壁的边缘，开辟出一片绿色。可以说，没有党河，就没有敦煌的存在。

　　这些大大小小的河流，在干旱的河西走廊上滋养出了一连串的绿洲。雄才大略的汉武帝，将河西走廊纳入中原王朝的版图后，就在这些绿洲之上设置了武威、张掖、酒泉、敦煌四郡，作为通往西域的门户，合称"河西四郡"。

　　打通了河西走廊之后，中原王朝开始与广阔的外部世界进行贸易和文化交流，形成了大名鼎鼎的丝绸之路。从此，河西走廊不再是荒芜之地，而是至关重要的交通枢纽。

　　从西汉至隋唐，丝绸之路上使团往来，大大小小的商队络绎不绝。东西方的商人们用骆驼满载中原的丝绸、茶叶或西域的玉石、香料，穿行在河西走廊上，进行货物的贸易和中转，以获取丰厚的利润。而从西域来的葡萄、石榴、西瓜、芝麻、胡萝卜等农作物，也通过河西走廊，进入中原大地，极大地丰富了中国人的食谱。佛教也沿着丝绸之路传入中原，随着佛教而来的洞窟艺术也一路东进：在敦煌，留下了莫高窟；在玉门，留下了昌马石窟；在张掖，留下了马蹄寺石窟；在武威，留下了天梯山石窟……唐代时，这种交流更是达到了顶峰，也带动了河西走廊的经济发展，当时整个河西地区的存粮占到全国的三分之一，堪称富甲全国。

时光在商贾往来的大通道上无声消逝。唐朝末年，天下大乱，甘肃地区与中原政权的关系逐渐疏远。在此期间，来自青藏高原的吐蕃人曾占领这里，党项人建立的西夏王朝也曾控制这一带。直到元朝，全国统一，甘肃地区才重新回到中央统治之下，逐渐从战乱之中安定下来。

河西四郡的名字由来

对汉朝来说，河西四郡的设置是巩固西北边防，加强与西域的沟通往来的重要举措。那你知道，这四郡的名字都有什么寓意吗？

武威郡：击退匈奴后，汉朝政府便在原先匈奴属地设立武威郡。武威有着"武功军威"的含义，显示了西汉王朝的强大实力。

张掖郡：张掖郡是汉武帝取"断匈奴之臂，张中国之掖（腋）"之意而命名的，意思是：要去除匈奴的威胁，就要切断匈奴伸向汉朝领土的手臂，打通河西走廊，从而让汉朝的臂膀得以张开，达到通达西域的目的。彰显了大汉帝国开疆拓土的雄心。

酒泉郡：颜师古在《汉书》注中提到，在酒泉郡城下有一口金泉，这里的泉水甘美如酒，因而被称为"酒泉"。

敦煌郡："敦，大也；煌，盛也。"敦煌寓意"盛大辉煌"。不过，目前学界对"敦煌"名字的来源也有不同观点。有部分学者认为，汉朝以少数民族的名称对边疆地区进行命名。"敦薨（hōng）"是汉朝时期少数民族之一，他们曾居住于敦煌。"敦煌"与"敦薨"古音相同，由于古人有同音借代的习惯，可能在转述的过程中把"敦薨"写为"敦煌"。

▼ 河西四郡位置示意图

西汉凉州刺史部范围

河西走廊

敦煌郡·敦煌

酒泉郡·禄福

张掖郡·觻得

武威郡·姑臧

今甘肃范围

甘南高原

　　就在元朝建立的前夜，蒙古大军席卷亚洲内陆，三面兵临青藏高原。为了统一西藏，蒙古皇子阔端与藏传佛教首领萨迦班智达举行了一场会谈。会谈双方约定：西藏归附蒙古汗国，向蒙古汗国缴纳贡赋；作为交换，蒙古尊崇吐蕃的佛教信仰，保障各个僧俗首领的地位和职权。阔端自己也皈依了藏传佛教，藏传佛教从此走出青藏高原，并向全国扩张。这就是历史上著名的"凉州会盟"。

▼ 甘肃甘南高原地形图

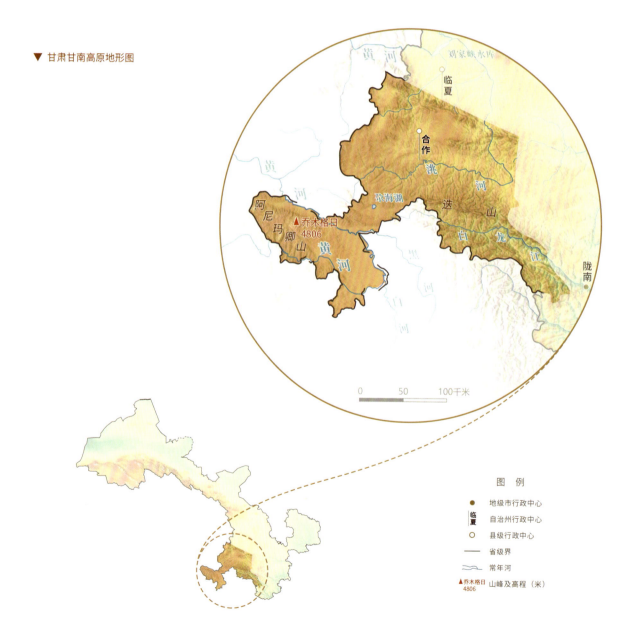

0　　50　　100千米

图　例

● 　地级市行政中心

临夏 　自治州行政中心

○ 　县级行政中心

—— 　省级界

～～ 　常年河

▲乔木格日
4806 　山峰及高程（米）

▲ 玛曲草原／摄影 左雪兰
玛曲位于甘南的西南部，地势平坦开阔，水草丰茂，黄河
在这里蜿蜒流淌，牛、马、羊在这里悠闲地取食。

　　此时，甘肃的第四个地理区域——甘南高原也终于出场了。甘南高原位于甘肃省西南部，是藏、汉文化的交会地带。汉唐时只有一部分为中原王朝的领土，直到元朝才被整体纳入中央的管辖。

　　甘南高原地处青藏高原边缘地带，整体地势西北高、东南低。其中，西倾山脉，阿尼玛卿山，迭山—岷山山脉，分别位于甘南高原的北、南、东部，由西北向东南逶迤汇聚。

　　甘南高原的西部地区，平均海拔 3300 米以上，气候高寒，是黄河和长江的水源涵养区。地表开阔平坦，黄河在这里曲折缠绕、流连忘返，滋养出大片高山草甸，形成了优质的天然牧场。草场上，牛、羊时而悠悠地行走，时而低头咀嚼肥美的牧草，别有一番藏乡风情。黄河流经玛曲大草原时，突然来了一个回弯，形成九曲黄河第一弯的壮美景观。

高原之上的尕（gǎ）海湖，是甘南的第一大淡水湖。每年春末夏初，湖中水草丰茂，湖畔野花遍地。白天鹅、黑颈鹤、灰雁、鸬（lú）鹚（cí）等近百种鸟类会成群地从南方飞来，在这片高原明珠上安家、产卵和育雏。你瞧，一群黑羽灰腹的水鸟时而在空中盘桓，时而轻轻掠过水面，时而又降落在草甸之上，它们头上的两道黑色条纹格外醒目，这就是斑头雁。它们是候鸟中的明星，飞行高度可达9000米左右，几乎与民航客机一个水平。尕海湖正是它们繁衍生息的家园之一。

东南部的迭山—岷山属于高山峡谷区。白龙江由西向东横贯两山之间，湍急的江水强烈地切割大地。峰巅与谷底相对高度在2000米左右，坡陡壁峭，沟谷幽深。

▲ 斑头雁／摄影 吴玮
▼ 扎尕那／摄影 石耀臣
扎尕那被高耸的山峰环绕，藏族风格的建筑坐落其间，云雾起时，犹如人间仙境。

高山之下还隐藏着许多鲜为人知的小村落，扎尕那就是其中之一。在藏语中，"扎尕那"是"石匣子"的意思。这里被高耸入云的山峰包围，山峰像一道道天然的城墙，因而扎尕那也被称为"石城"。

　　这里的夜有点点繁星，这里的大地有青稞田装扮，这里的寺院静谧庄严。环绕扎尕那的山峰时常被薄雾笼罩，时隐时现，像极了一片与世无争的世外桃源。1925年，一位叫洛克的美国植物学家来到这里，沉醉于这里的美景，他在日记中赞叹："如果《创世记》的作者曾看见迭部的美景，将会把亚当和夏娃的诞生地放在这里……"

　　扎尕那过去是甘肃临潭县至迭部县的一个重要驿站。如今，扎尕那被誉为甘南的"香格里拉"，迎接着四方来客。游人来到这里，就像约一个世纪前的那位植物学家那样，惊叹于这个"石匣子"的美丽、静谧。

至此，甘肃的四大区域——陇东和陇中黄土高原、陇南山地、河西走廊、甘南高原依次登场，而由这四大区域共同构成的甘肃整体，又将扮演怎样的角色呢？

▲ 扎尕那风光／摄影 范波

交会地带

　　甘肃远远不只有四大区域各自的精彩，作为一个整体，它还是一个精彩多元的交会地带。

　　许多自然地理分区，都在甘肃这片土地上交会。如中国的三大自然区——东部季风区、西北干旱半干旱区和青藏高寒区，中国的四大温度带——中温带、暖温带、亚热带和青藏高原垂直温度带。除此之外，中国的五大植被区划、五大动物地理区划，都在这里相遇。这里有繁花盛开的草原、低矮的戈壁灌木丛、金色的胡杨林，还有绿色的杉树。

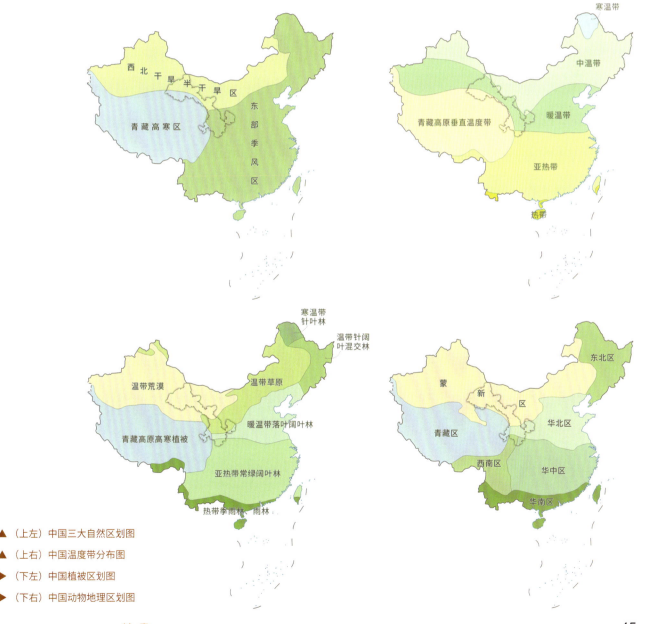

▲（上左）中国三大自然区划图

▲（上右）中国温度带分布图

▶（下左）中国植被区划图

▶（下右）中国动物地理区划图

多样的地形和气候条件，让甘肃拥有了复杂多样的自然景观。从冰川、雪山到沙漠、戈壁，从草原、湿地到峡谷、森林，从丹霞到彩丘……都汇聚于甘肃一省之内。

多样的环境也催生了多样的文化，许多民族在甘肃聚集。在这片神奇的土地上，汉族、回族、藏族、土族、蒙古族、撒拉族、哈萨克族、满族等民族共同生活在一起。除此之外，主要分布在甘肃的东乡族、裕固族、保安族，也让这片土地拥有了更为异彩纷呈的民族文化。

拥有河西走廊的甘肃，还成为中原与西域之间必不可少的交通要道。不同地域的人们来往于此，多种宗教信仰，多样的文化习俗在甘肃交会：伊斯兰教、佛教、天主教、基督教、道教，在这里各放光彩。这里既有道教圣地崆（kōng）峒（tóng）山，也有藏传佛教寺院拉卜楞寺，还有遍布各地的佛教石窟，像莫高窟、麦积山石窟、马蹄寺石窟等。它们共同构成了多元而包容的甘肃。

▼ 位于甘南藏族自治州夏河县的拉卜楞寺／摄影 焦潇翔

▲ 张掖冰沟丹霞／摄影 曾建军

这里的丹霞造型奇特，如同一个个气势恢宏的宫殿，在薄雪的覆盖下，宫殿的"屋顶"
变白了，而宫殿的"红墙"在雪后阳光的照射下，显得格外鲜艳。

▼ 张掖壕洼沙漠／摄影 吴玮

敦煌莫高窟：一个穿越时空的花花世界

离敦煌市区直线距离约 16 千米的地方，有一颗举世闻名的文化明珠——敦煌莫高窟。莫高窟坐落在敦煌鸣沙山上，它的背后是浩瀚沙漠。也正因为它坐落在沙漠的高处，人们称其为"漠高"，古汉语中"漠"与"莫"通用，故人们称其为"莫高窟"。在莫高窟，你可以穿越 1000 多年的历史，欣赏到极具特色的壁画、塑像艺术。让我们走进莫高窟，开始一场极为震撼的石窟之旅。

佛窟缘起

为什么在这荒凉的沙漠中，会有莫高窟这样一座文化殿堂呢？主要有两个原因：地理位置与佛教的传播。一方面，敦煌所在的地理位置非常重要。在古代，"丝绸之路"联系了亚欧大陆上的各大文明。希腊、罗马、阿拉伯、印度、中国，各大文明通过这条贸易通道相互交流。而敦煌，恰好处在河西走廊的最西端，是其他文明到达中国腹地的关键节点，敦煌也因此成了各大文明的交会点。不同肤色、不同语言的人来来往往，不同的文化在这里碰撞交流，让这个中原王朝的西北小镇，成为丝绸之路上驰名的城市。

▼ 敦煌莫高窟／摄影 王警　　　　　　　　　　　　　　　▲ 佛教东传北线线路示意图

另一方面，佛教沿丝绸之路传至中国，对佛窟建造的兴起发挥了极为重要的作用。西汉末年，佛教穿越帕米尔高原进入新疆，并继续向东扩散传播，进入敦煌地区。到魏晋南北朝时期，佛教成为影响力较大的宗教之一，以佛教为主题的石窟艺术成为人们表达虔诚信仰的一种方式。

📍 石窟之城

公元 366 年，一位名叫乐僔（zǔn）的僧人在敦煌东南部凿下了第一个石窟，正式开启了莫高窟长达千年的石窟建造史。世家大族开凿大窟，普通民众开凿小窟，开窟几乎成了敦煌地区全民参与的活动。到了唐代，莫高窟已经到了"状若蜂窝"的密集程度，这时敦煌周边可以用来开凿的崖面都被利用了起来，敦煌宛若一座石窟之城。

整个莫高窟可以分为南北两区。南区长约 1000 米，共有 487 个石窟，是壁画、塑像等石窟艺术集中的区域。北区长约 700 米，共有 248 个石窟。北区的多数石窟内没有壁画和彩塑——这里主要是僧人禅修所用的禅窟、僧人生活用的僧房窟，以及埋葬去世的人的瘗（yì）窟。

艺术世界

莫高窟长达 1700 米崖面上的 735 个洞窟之中，拥有 7000 多卷文献，45000 多平方米的壁画，以及 3000 余身各类彩色塑像。如此众多的艺术品中，以人物为核心的壁画与塑像无疑是最为引人注目的。这些壁画与塑像，造就了这个星球上独一无二的艺术世界。

洞窟中的塑像，有细目长眉的菩萨，有怒目圆睁的天王，有秀肌肉的力士，还有佛祖释迦牟尼。在莫高窟的诸多塑像中，最著名的莫过于第 96 窟内的弥勒大佛——它高达 35.5 米，洞窟前的窟檐高达九层，让第 96 窟成为莫高窟最大的佛窟。

▶ 莫高窟第 96 窟外的木构窟檐／摄影 徐海洋

▼ 莫高窟南区洞窟分布图

18米

甘肃

壁画方面，有一些壁画与塑像题材相近，这些壁画被称为尊像画；有一些壁画讲述佛的前世今生，呈现佛教传播过程，这些壁画被称为佛教故事画；有一些壁画是画有中国传统文化中的伏羲、女娲、西王母、风神、雨神、日月神的中国传统神像画；此外有描绘某一部佛经内容的经变画，还有以当时出资开凿洞窟的人物为原型的供养人物画。除此之外，还有许多壁画表现了当时的社会生活，你可以在画中看到婚嫁、丧葬、就医、军队出行等场景，可谓是一部表现古代生活的精彩长卷。

随着可供开凿的崖面不断减少，可以用来绘制壁画的洞窟也越来越少。后来的人将前人的壁画覆盖，在新的墙面上画下新的故事，一代一代，反反复复。莫高窟，一个记录了千年繁华的艺术世界，就这样形成了。

▲ 《女供养人像》莫高窟第 61 窟东壁／摄影 孙志军
该壁画创作于晚唐时期，图为于阗国皇后，她是敦煌曹氏家族之女，其母为回鹘公主，可见敦煌汉族与西域各族的亲密关系。

▲ 《涅槃经变图》莫高窟第 148 窟西壁／摄影 孙志军
该壁画创作于盛唐时期，画面描绘了一场正在举行的葬礼。

▼ 《鹿王本生图》莫高窟第 257 窟西壁／摄影 宋利良
该壁画创作于北魏时期，为佛教善恶报应主题的经典故事画，
画面描绘了一只九色鹿将落水者救起，落水者不知感恩，见利
忘义出卖九色鹿后遭恶报的故事。

劫难与辉煌

明代中期以后，敦煌地区的佛教活动开始进入长达 300 多年的消沉期。直到 1900 年 6 月的一天，一个名叫王圆箓（lù）的道士和他的弟子无意间发现了莫高窟 17 号窟藏经洞。这一发现让敦煌成为世人瞩目的焦点。在藏经洞中，人们陆续整理出 5 万多件包含汉文、吐蕃文、蒙古文、西夏文、于阗文、回鹘文、粟特文、突厥文、梵文、叙利亚文、希伯来文等多种语言的文书，其中有一部分语言甚至已经不再为人们所使用，成为"死文字"。

然而，这一震惊世人的发现，却给莫高窟带来了巨大的劫难。藏经洞发现文书的消息传出后，在接下来的几年里，全世界各地的探险家、考古学者接踵而至，他们将其中的 4 万多件文书分批盗运出中国。如今，国内仅剩敦煌文书 1.8 万余件。而那些被盗文书被收藏在全球 10 多个国家的 30 多个博物馆、图书馆中。

全世界的学者依靠敦煌文书，对亚欧大陆古代的历史、地理、宗教、经济、政治、民族、语言、文学、艺术、科技、建筑等方面进行了深入的研究。而关于敦煌的研究甚至形成了一个国际热门学科——敦煌学。

敦煌的魅力，穿越了时光，穿越了空间，宛若一个穿越时空的花花世界。如今，莫高窟早已远离了战乱与浩劫，静静守候着八方来客，但愿敦煌的历史文化与艺术能一直保存下去，成为这个星球永恒的记忆。

◀ 叙利亚文《圣经》／摄影 吴健
莫高窟中整理出的叙利亚文《圣经》，内容为《圣经》文选，摘自《旧约》中《诗篇》的内容，现藏于敦煌研究院。

从宋代开始，由于航运技术的发展及战乱等的影响，海上丝绸之路逐步取代了陆上丝绸之路。近代以来，世界海路交通繁荣，中国的海洋经济蓬勃发展，作为内陆省份的甘肃，发展水平逐渐落后于东南沿海地区。

然而，甘肃并没有就此沉寂。曾是丝绸之路要道的甘肃，如今正成为丝绸之路经济的关键节点。随着我国"一带一路"倡议从构想成为现实，这条古老的人类文明大通道也必将再次大放异彩。

▼ 甘肃兰州／摄影 石耀臣
兰州为古代丝绸之路的沿线重镇，如今也是国家"一带一路"倡议中重要的节点城市。

尾声 第6幕

　　从黄土高原到陇南山地，从河西走廊到甘南高原，多样的地理环境，造就了这片土地多样的色彩。这片多彩的土地，孕育过古老的部族，见证过激烈的战斗，目睹过万国来访的繁华景象。壁画、文书、塑像、古城……一个个历史的记忆，成为全人类共同拥有的文化遗产。相信甘肃在你的心中，已经不再只有偏远荒凉的单一底色，而是拥有五彩斑斓的迷人色彩。这才是真正的甘肃。

▼ 从嘉峪关远眺祁连山／摄影 李文博

嘉峪关为明长城西端关口，是古代"丝绸之路"的交通要塞，是连通西域与内地的咽喉之地。城墙、城壕等设施共同构成了嘉峪关严密的军事防御体系，有"天下雄关"之称。

2 罗布泊
消逝的大湖与文明

千年不朽的胡杨矗立在那里
无声地叙述着这片土地上的故事

曾经这里波光粼粼
水草丰美
无数飞禽走兽在此栖息

这里的历史曾如此灿烂
商路的驼铃回响不绝
中西方文明在这里交融
神秘的吐火罗人昙花一现
楼兰的故事长久流传

而如今
斗转星移，沧海桑田
曾经的大湖变为戈壁
丰美的土地成为生命的禁区

这就是罗布泊
它是一片消失的大湖
是几度消逝的文明

▼ 塔里木盆地地形图
罗布泊位于塔里木盆地东部，是盆地内部地势最低的地方。曾经盆地里的河流，如孔雀河、塔里木河、车尔臣河等，都汇聚到罗布泊，并形成湖泊，其周围则形成绿洲。后来由于环境变化以及上游用水量增多，河流上游出现断流，从而导致湖泊干涸，绿洲也逐渐消失。

图 例

喀什	自治州行政中心地区驻地	——乌鲁木齐	国　界
○	县级行政中心		常 年 河
◦	乡镇、村庄		时 令 河
▲	山　峰		干 涸 河
☖	考 古 遗 址		湖　泊

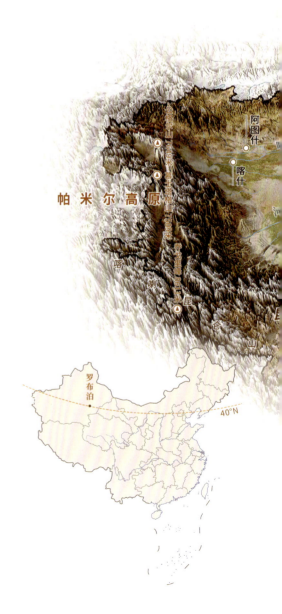

帕 米 尔 高 原

阿图什

喀什

罗布泊

40°N

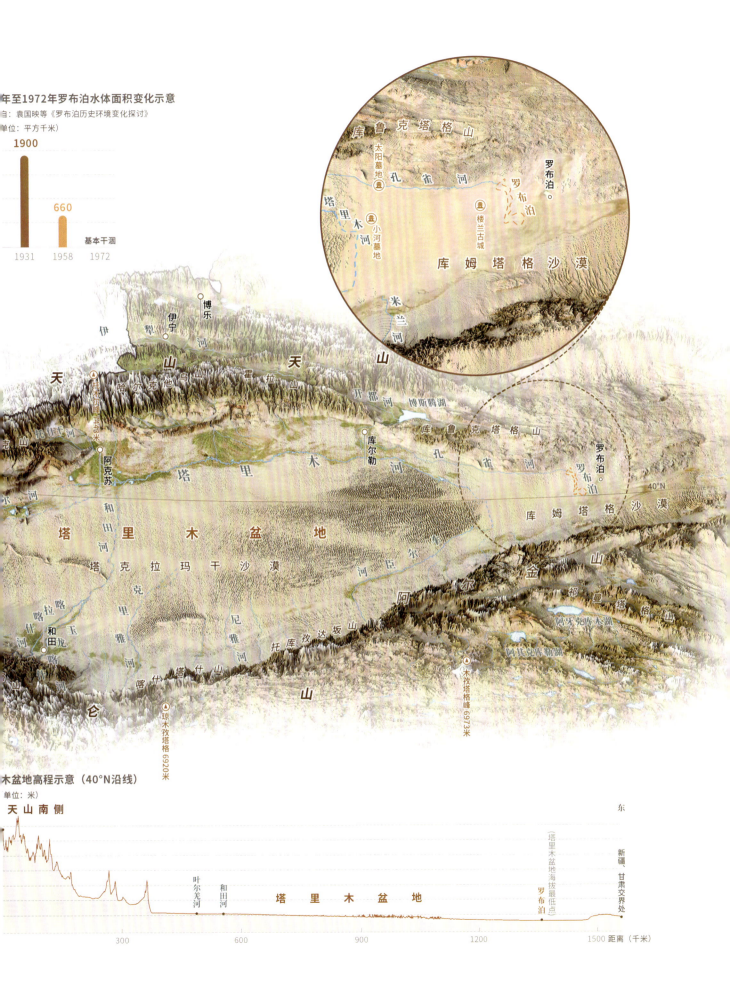

年至1972年罗布泊水体面积变化示意

自：袁国映等《罗布泊历史环境变化探讨》

单位：平方千米）

1900

660

基本干涸

1931　1958　1972

库鲁克塔格山

太阳墓地

孔　雀　河

罗布泊

塔

里

木

河

小河墓地

楼兰古城

罗布泊

库姆塔格沙漠

米兰河

山

伊

犁

河

博乐

伊宁

天

山

天

哈尔克他乌山

博格达山

托木尔峰7443米

阿克苏

和田河

塔

里

木

库车河

库鲁克塔格山

孔雀河

罗布泊

40°N

库姆塔格沙漠

开都河

博斯腾湖

库尔勒

河

塔

里

木

盆

地

克拉玛干沙漠

克

里

雅

河

尼

雅

河

车尔臣河

阿

尔

金

山

祁

曼

塔

格

山

阿牙克库木湖

阿其克库勒湖

木孜塔格峰6973米

喀

拉

喀

什

河

和田

玉

龙

喀

什

河

托库孜达坂山

什

山

琼木孜塔格6920米

仑

仑

木盆地高程示意（40°N沿线）

单位：米）

天 山 南 侧

东

叶尔羌河

和田河

塔 里 木 盆 地

（塔里木盆地海拔最低点）

新疆、甘肃交界处

罗布泊

300　　　　　600　　　　　900　　　　　1200　　　　　1500　距离（千米）

如果我们从太空俯瞰地球，会发现在中国西部的塔里木盆地，有一只神奇的"耳朵"。这只大"耳朵"有 60 千米长、30 千米宽，不仅有"耳垂""耳孔"，甚至还有一圈一圈明暗相间、向中心收拢的"耳郭"。

这只大"耳朵"正是罗布泊。地处亚欧大陆深处的罗布泊，气候干旱，荒漠广阔，是中国自然环境较为恶劣的地区之一，说是死亡地带也不为过。然而就是这样的死亡地带，从古至今，却一直被神秘的光环笼罩，拥有极强的吸引力。

在古代，这里是中原通向西域的必经之地，汉代的张骞、唐代的玄奘，很多古人都记载过罗布泊附近的西域古国。近代以来，更有无数探险家、科学家为之着迷。1900 年，瑞典探险家斯文·赫定就曾到此探险，发现了沉睡千年的楼兰古城。之后，英国探险家斯坦因不远万里，多次到罗布泊进行考古工作。而在 1980 年，我国的生物化学家彭加木在此失踪。1996 年，探险家余纯顺在罗布泊遇难。这些意外事故，更是给罗布泊增添了一层诡秘的面纱。

这只遗留在荒漠中的"大地之耳"是怎么形成的？它那"致命"的吸引力又是怎么来的呢？

▼ 余纯顺之墓／摄影 文兴华
1996 年，探险家余纯顺在罗布泊因迷路脱水而亡。这是位于罗布泊中心地带的余纯顺之墓，经过这里的人会在墓前放上饮用水，表达对他的祭奠。

消失在罗布泊深处的彭加木

罗布泊有像迷宫一样的地貌、狂野的沙暴和干旱的气候，是公认的"死亡之海"。有一个人曾三次带队进入罗布泊进行科考工作，填补了大量科研领域的空白。不幸的是，最终他失踪于这片"死亡之海"。这个人，就是彭加木。

彭加木，1925 年出生于广东番禺，是我国著名的生物化学家，为植物病毒领域的研究倾注了心血。植物病毒会致使农作物产生病害，严重影响农作物产量。为了解决这一问题，彭加木深入到植物病毒的诊断、治疗等方面的研究。此外，为了弥补技术条件的不足，彭加木翻阅各种国外文献资料，进行反复调试，最终在上海成功安装了中国第一台高分辨率电子显微镜。他也帮助其他地方建立起电子显微镜实验室，成为当时国内屈指可数的电子显微镜专家。

1956 年，国家提出"向科学进军"的号召。一大批人才被选派出国深造，另一批相关专业人员则被安排到祖国边疆调查资源。当时，彭加木凭借着"从荒野中踏出一条道路的勇气"，放弃了赴莫斯科深造的机会，选择到最艰苦的祖国边疆去。在递交给组织的信中，落款处的"彭家睦"改为了"彭加木"，意在为祖国边疆"添草加木"。他多次深入到新疆、云南、海南等边疆地区开展科学考察。

那时有一件事情让彭加木一直耿耿于怀，"罗布泊在中国，而罗布泊的研究在外国"。面对荒无人烟、环境恶劣的罗布泊地区，彭加木曾三次到此进行科学考察，勘查罗布泊的自然资源和环境。1980 年 5 月，彭加木带着地理、历史、植物等各领域的考察队员第三次"出征"罗布泊。与前两次科考不同，这次是中国科学考察队近代以来第一次穿越罗布泊湖盆的核心地带。6 月 15 日，历尽艰辛的考察队完成了纵贯罗布泊湖底的考察工作，来到库木库都克地区扎营。此时，队员们发现汽油及饮用水仅够团队使用 2 天，不管是继续前行考察还是回程，目前的物资都不足以支撑，队员们只能在原地等候支援。

"我往东去找水井，彭。6 月 17 日，十点三十分。"彭加木留下了这样一张字条之后，独自外出寻找水源。然而，他这一走，就再也没有回来，消失在了罗布泊的荒野中……

◀ 彭加木

第 *1* 幕

『大地之耳』

　　罗布泊位于塔里木盆地的东部，这里深处亚欧大陆内部，周围绵延的天山和昆仑山等把塔里木盆地围得严严实实，也将大部分的水汽挡在了包围圈外，因此，塔里木盆地内形成了面积广阔的沙漠和戈壁。处在塔里木盆地东端的罗布泊，同样极端干旱。在这里，年平均降水量不足 20 毫米，而蒸发量却超过 3000 毫米！干旱荒凉的罗布泊，是名副其实的"死亡地带"！

　　但在历史上，罗布泊可不是现在的这番景象。它曾经是一个水域辽阔的大湖，名字中的"泊"正是"湖"的意思。但后来湖泊逐渐干涸，湖面向中心收缩，如今大地上的一圈圈线条就是不同时期罗布泊留下的湖岸线。

▼ "大地之耳"罗布泊（拍摄日期：2001 年 12 月）／图片来源 星图地球今日影像

▲ 罗布泊地区的沙丘／摄影 文兴华

　　那曾经存在的大湖是怎么来的呢？首先要从罗布泊所在位置——塔里木盆地说起，1亿多年前，这里曾是一片汪洋大海。特别是在5500万年前，全球海平面达到最近1亿年以来的最高值，塔里木海湾的面积也达到了最大，显出一派温暖湿润的温带海滨景象。然而，有一股力量突然出现，破坏了海洋与塔里木的"亲密关系"，它就是帕米尔高原。在4100万年～3700万年前，帕米尔高原等地的海拔逐渐抬升，截断了大洋与"塔里木海"的联系，只留下一个个海迹湖。

　　此后，板块运动塑造的山峰不断升高，来自海洋的水汽越来越难以进入塔里木盆地。距今约700万年前，帕米尔高原基本成形，西部的水汽通道被关闭。在河流润泽不到的地方，风吹起了暴露在地面的泥沙，这些泥沙逐渐堆成沙丘，塔里木的沙漠化启动。300万年前，青藏高原快速隆升，海拔升高到4000米以上，来自南部的水汽也被阻绝。再加上地球气候整体上不断变冷变干，塔里木盆地的沙漠化进程不断加速，湖泊消失，沙漠逐渐扩大。

在逐渐变为荒漠的塔里木盆地，罗布泊一度成为这里最湿润的地方。其中一个很大的原因，就是它的地形——距今200多万年前，青藏高原隆起带来的影响仍在持续，塔里木盆地逐渐形成了西高东低的地势。罗布泊所在的地区发生了下沉。由此，罗布泊成为塔里木盆地最低洼的地方。源于盆地周围山区的河流，包括孔雀河、车尔臣河、疏勒河、中国最大的内陆河塔里木河……纷纷穿过高山峡谷、戈壁大漠，朝着低洼的罗布泊奔流而来。

众水汇聚的罗布泊，湖面广阔，面积最大时可达上万平方千米。在那时，罗布泊迎来了它最为湿润的"江湖时代"，湖泊周围、河流两岸草丰林茂。那光景，就仿佛置身温柔的水乡。只是这样的景象并没有维持很久，距今约77万年前，气候越发干旱，罗布泊的水分不断蒸发，湖中的盐分不断积累，湖水越来越"咸"，罗布泊从淡水湖转化为咸水湖。湖边的高大树木日渐消失，草丛、灌木成为这里的主人。此后罗布泊的干旱气候仍在延续，湖中盐分累积得越来越高，罗布泊逐渐向盐湖转化。到了距今约15万年前，罗布泊已趋于干涸，湖水转变为极咸的卤水，堆积了大量的盐类物质，只有在气候稍显湿润的时期，才会在干盐滩上暂时蓄水成湖。

距今1万年以来，罗布泊地区虽然出现了相对湿润的气候，湖泊大小及湖水"咸度"也有所波动，但是在逐渐变冷变干的大气候背景下，这里的干旱情况仍不断反复。尤其在距今1800年以后，这里的环境向极端干旱发展，注入罗布泊的河流水量越来越小，湖泊进一步干涸，最终湖面只剩下一望无际的干硬盐壳。

◀ 罗布泊附近的大峡谷／摄影 文兴华
由冰雪融水和雨水冲刷而成的大峡谷，仿佛一条大地的伤疤，连绵60余千米，深度近20米。峡谷中行驶的车辆，与大峡谷相比，就如蝼蚁般渺小。

　　罗布泊从淡水湖、咸水湖再到盐湖、如今的干盐湖，似乎涵盖了其 200 多万年来从"生"到"死"的壮丽一生，也宣示了萎缩已成为它生命周期的主旋律。如今，这里虽然不再有江湖澎湃，但依然是生命的乐园。罗布泊地区最著名的野生动物当数野骆驼，这是一种比野生大熊猫还要稀少的动物。在罗布泊，野骆驼的种群数量占了全世界的 60% 以上。

　　而荒凉的罗布泊并没有和人类文明隔绝。至少在距今约 1 万年前，人类便在罗布泊地区定居，过着采集和狩猎的生活。在往后的日子里，这里也有过湿润的气候，降水给罗布泊提供了大量水资源，河流的下游孕育出一片片绿洲。人们依托着奔腾的水流，在绿洲里繁衍生息。在罗布泊接近生命尾声之时，罗布泊先民在这里点缀了文明的点点星光。

◀ **航拍塔里木河／摄影 赵来清**
塔里木河是中国最大的内陆河，也是塔里木盆地最主要的水源。河流两岸在水的滋养下，一片绿意盎然、生机勃勃，与周围的荒漠景观形成鲜明对比。

比大熊猫还要稀少的动物：野骆驼

我们都知道，骆驼是人们在沙漠中常用的坐骑，它背上的驼峰可以储存水和营养物质，在沙漠炎热干旱的环境中几天不吃不喝也可以生存下去。

生活在罗布泊的野骆驼背上有两个驼峰，因此被叫作野生双峰驼。在很长的一段时间里，人们认为野骆驼就是还没有被驯化的双峰驼，或者是野化的家养双峰驼。但其实，野骆驼是另一个骆驼物种，只是和家骆驼有共同的祖先，因此它们有着相似的外形。

在荒漠中，野骆驼堪称"王者"。它有着比家骆驼更强的耐饥、耐渴能力。它甚至还能靠盐水生存。沙漠地区风沙较大，野骆驼长长的眼睫毛和双重眼睑可以起到保护作用。它身上有着厚厚的绒毛，相当于披着一件有保温、防晒、防暑等多种功能的外衣。更奇特的是，它有非常灵敏的嗅觉，它的鼻子如同"水源探测器"，可以嗅到 1.5 千米以外的水源。

野骆驼也是"长跑选手"，拥有极强的耐力。它的腿又细又长，有着比家骆驼还要

紧实的肌肉。其性格机警，一旦感觉到危险，就会利用它的"大长腿"快速奔跑，躲避危险。

野骆驼还是一台行走的"空调"。沙漠昼夜温差非常大，而野骆驼可以根据外界温度的变化来调节自身的体温。白天，野骆驼的体温可以升到40℃，夜晚又可以降到34℃。这样可以减少体内与外界的温度差，从而减少自身能量的消耗。

截至2022年8月，生活在罗布泊的野骆驼数量仅有680峰左右。野骆驼为国家一级重点保护野生动物，它没有大熊猫出名，但比大熊猫还要稀少。也许只有当你真正身处罗布泊苍茫的天地之间，看到这些自由顽强的生灵尽情奔跑之时，才会意识到生命的美丽，以及保护它们的重要性。

◀ 一只处于脱毛期的野骆驼在荒野中狂奔／摄影 陈建伟

▼ 荒漠中的一群野骆驼／摄影 水冬青

吐火罗人

第2幕

公元前 4100～前 3300 年，那时罗布泊的气候比现在更加温暖湿润。水草丰美的罗布泊，吸引了一个游牧的部族，这个部族被称为"吐火罗"。吐火罗人属于原始印欧人群的一支，有着高高的鼻梁、深深的眼窝和白皙的皮肤。

大约公元前 3000 年，在亚欧大陆的草原和半沙漠地带发生了一次广泛的迁徙，吐火罗人就是迁徙大部队其中的一员。惯于游牧的他们从起源地出发，向南或向东迁徙。他们先到黑海地区，再到中亚地区。经过数个世代，吐火罗人带着自己的文明来到了水草丰美、胡杨成林的罗布泊。他们在这里安居乐业，并与当地文化交流融合。在东西方文化的碰撞与发展中，吐火罗人创造了辉煌灿烂而又神秘的文明。罗布泊历史的新篇章就此揭开。

▼ 在沙漠中流淌的塔里木河／摄影 陆虹羽

吐火罗人成为罗布泊先民之一。公元前 2000 年，这批罗布泊先民掌握了不少生产技术，比如灌溉、制铜、纺织等，开始热火朝天地建设家园。身处东西方文明交会地带的这批罗布泊先民从东方引入了黍，又从西方引入了小麦，在绿洲中开垦了农田，饲养了牛羊等家畜。这些家畜的皮革可以用来做鞋子，毛绒可以做衣服、帽子等。

▶ 毛制毡帽／摄影 刘玉生
出土于小河墓地，主要由羊毛制作而成，帽身表面缝着红色的毛绳，帽子一侧插了几根羽毛作为装饰，这样的造型即便在今日看来也相当时尚。

◀ 女式羊毛腰衣／摄影 刘玉生
出土于小河墓地，腰衣用羊毛编织成一条条小穗，人走动起来腰衣也会随之摆动。

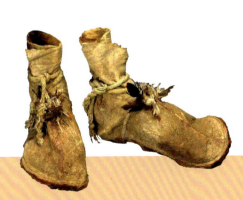

▲ 皮靴／摄影 刘玉生
出土于小河墓地，鞋面上别了几根羽毛作为装饰。皮靴一般用牛皮或猞猁皮缝制而成。

▲ 草编小篓／摄影 刘玉生
出土于古墓沟墓葬，这个小篓做工精致，表面波浪形的纹样清晰可见。

　　吐火罗人相信灵魂不灭，为了让祖先的灵魂安息，他们用胡杨木雕刻成人形木俑和像小船一样的木棺，并举行隆重的仪式来祭奠逝去的亲人。吐火罗人船棺的工艺十分考究，他们将两棵胡杨树加工成一对"括号"形木条，成为棺木侧板，棺盖则是十多块小挡板，在棺盖上还覆盖了新鲜的牛皮。

　　不同时期的棺木堆叠形成规模巨大的、小山一样的墓地，再加上自然风沙的堆积，仿佛一座"死亡宫殿"。吐火罗人相信他们的祖先就坐着船形棺木，面向沙海，踏上黄泉之路。

▲ 小河墓地出土的木雕人像／摄影 刘玉生
◀ 俯瞰小河墓地／摄影 刘玉生

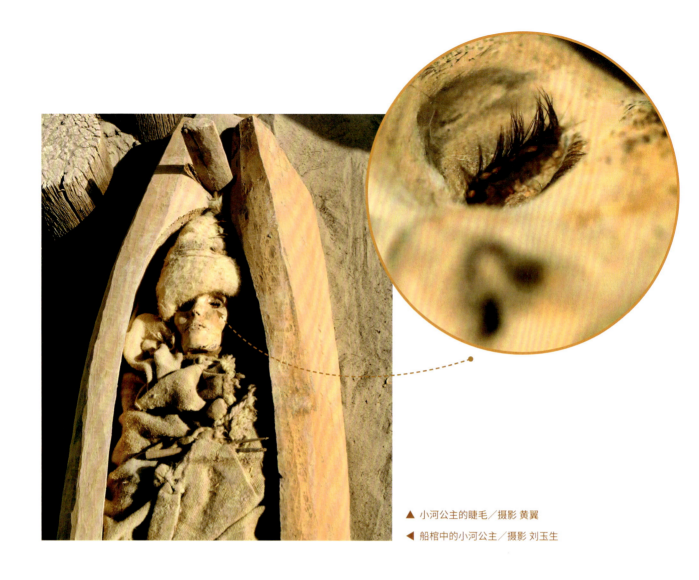

▲ 小河公主的睫毛／摄影 黄翼

◀ 船棺中的小河公主／摄影 刘玉生

    吐火罗人长得尤其漂亮。吐火罗人与当地人通婚，生下了相貌俊美的混血儿。其中最有名的一位美人，人称"小河公主"。小河公主出土于 2003 年罗布泊西南的一条古河道旁，当打开船形棺木的时候，考古学家们非常震惊：尽管时间已经过去了三四千年，但小河公主的遗体保存得格外完好。她仿佛童话中的睡美人一般，拥有修长的身材、白皙的皮肤，有着高高的鼻梁、大大的眼睛、楚楚动人的睫毛，以及栗色的细软鬈（quán）发。小河公主就静静地躺在那里，仿佛数千年的时光没有在她身上留下过多痕迹。我们还能看清小河公主身上的毡帽、皮靴、腰衣等各种装饰。这样一身装扮，让人不得不感叹，数千年前的衣着美学可以如此前卫时尚！

    通过这位美人，我们得以窥见当年吐火罗文明的灿烂辉煌。然而就在罗布泊的青铜时代正鼎盛时，这批先民的故事却戛然而止，之后的 1000 多年完全没有音信。关于罗布泊地区的吐火罗人为什么消失，以及如何消失的，至今没有答案。

时光伴随着经久不息的风沙默默流走，这片神秘的土地再次出现在公众视野里时，已经到了公元前 176 年。这一年，匈奴冒顿单于在给汉文帝写信的时候，提到了一个西域小国的名字，那就是楼兰。没错，就是几乎每一个中国人都耳熟能详的那个楼兰。

楼兰，一个在罗布泊崛起的神秘古国。这个优美的名字是汉代人的音译，既是族名，也是国号。汉代以来这个名字便不断出现在许多脍炙人口的诗词作品里。无论是王昌龄《从军行七首·其四》中豪气干云的"黄沙百战穿金甲，不破楼兰终不还"，还是李白《塞下曲六首·其一》中一腔赤诚的"愿将腰下剑，直为斩楼兰"，都将楼兰作为一个遥远的意象，寄托无限的诗意与豪情。

► **楼兰古城佛塔／摄影 刘玉生**

楼兰古城是古代丝绸之路重要的贸易中转站，也是中外文化交流的节点，深受佛教文化的影响。楼兰古城的佛塔、寺院、壁画等都是那时佛教文化的印记。如今，由土坯垒砌而成的佛塔，即使历尽千年风霜，仍依稀可见当年的风采。

罗 布 泊

王昌龄是唐代著名的边塞诗人，《从军行》是他的一组诗作。盛唐时期，虽然国力强盛，但是边境仍然受到吐蕃和突厥的攻击。驻守边关的战士们，在黄沙遍野的边境地区，日复一日保卫着边疆。诗人被战士们的英勇善战，以及舍身卫国的奉献精神所打动。

从军行
七首·其四

〔唐〕王昌龄

青海长云暗雪山，

孤城遥望玉门关。

黄沙百战穿金甲，

不破楼兰终不还。

诗地：

青　海： 指的是现在青海省的青海湖。唐朝时，吐蕃控制着青海地区。

玉门关： 汉朝设置的边关，位于甘肃敦煌，是中原地区通往西域的必经关卡。

楼　兰： 指的是西域古国，汉朝时名为鄯（shàn）善国。这里用楼兰来指代进扰边疆的敌人。

释义：

蔚蓝的青海湖上飘着层层的厚云，它们的阴影让延绵不断的雪山变得一片黯淡。边疆的古城和远隔千里的玉门关遥遥相望。战士们在黄沙遍野的边塞地区早已身经百战，都把自己身穿的铠甲磨破了，但是他们毫不退缩，仍然坚定地立下誓言：不把一直进扰国家边疆的敌人全部斩除了，我们是不会返回家乡的！

还有一位诗人非常关心边疆的战事，那就是李白，当他想到驻守边疆的战士们既要忍受恶劣的生存环境，又要经历紧张的军旅生活时，不禁有感而发。而在李白的心中，其实也有着想要为国建功立业的英雄抱负。

塞下曲
六首·其一

[唐]李白

五月天山雪，
无花只有寒。
笛中闻折柳*，
春色未曾看。
晓战随金鼓，
宵眠抱玉鞍。
愿将腰下剑，
直为斩楼兰。

* 折柳：《折杨柳》，古乐曲名。

释义：

都已经是五月了，西北边疆的祁连山地区仍然覆盖着厚厚的积雪。天气实在是太冷了，在这里根本看不见盛开的鲜花，只有强烈的寒风呼呼吹过。听到有人在用笛子吹奏着《折杨柳》，不禁让人想到自己的家乡早已春色遍地，但在这里从来没有看到过像春天那样生机勃勃的样子。

白天，战士们在战鼓声中竭尽全力与敌人们殊死拼搏。到了晚上，身心疲惫的战士们也只能把马鞍当作枕头来睡，生怕随时会有敌人偷袭。我是多么希望可以发挥我自己的本领，为国杀敌，早日平定边疆！

不过在西汉初期，对中原人来说，整个西域还很陌生。直到汉武帝元朔年间，也就是收到单于书信后约50年，出使西域的张骞才带回了关于楼兰的"调查报告"。报告显示，在一个叫盐泽（其实就是罗布泊）的湖泊旁边，有一个叫"楼兰"的国家。

随后汉帝国兵出玉门关，不仅将匈奴的势力赶出了西域，还在轮台设置西域都护府。从此，包括楼兰在内的整个西域正式被纳入汉朝中央政府的管辖，楼兰改国名为"鄯善"（今新疆若羌县，属巴音郭楞蒙古自治州，塔克拉玛干沙漠东南缘），成为塔里木盆地东端最为重要的战略要地。不过直到今天，大家都还习惯称其为楼兰。

为了保障丝绸之路的安全畅通和抵御匈奴的袭扰，汉朝政府甚至动用了数十万人修建汉长城，其中就有一段从嘉峪关一直蜿蜒至罗布泊。楼兰位置绝佳，控制着罗布泊的水源，当仁不让地成了丝绸之路的交通枢纽，为来往的车队提供补给。魏晋时，朝廷在楼兰设置了西域长史府，成为当时中原政权控制西域的机构。

借着中央政府的东风，楼兰逐步扩张自己的势力范围，一步一步地占领了且末、小宛、精绝等各个小国。到了东汉中期，楼兰已经基本统一了塔里木盆地的东南部。

作为东西方文化交流的通道和交会点，楼兰东西融汇、兼容并包，成了一个充满活力的区域，它的鼎盛时期来临了。

▼ 汉代丝绸之路与楼兰所在位置示意图

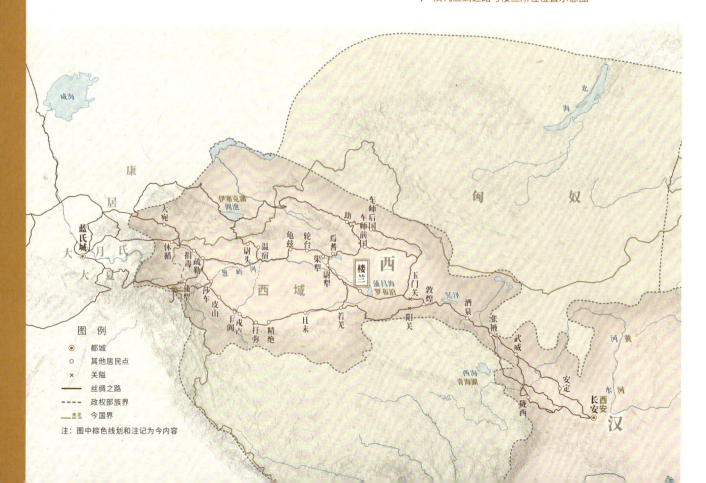

图例

◉ 都城
○ 其他居民点
✕ 关隘
—— 丝绸之路
----- 政权部族界
— 今国界

注：图中棕色线划和注记为今内容

从楼兰到鄯善，发生了怎样的故事？

　　张骞通西域之后，西域各国逐渐与汉朝有了来往。但匈奴的势力仍然对西域各国影响巨大，很多小国在汉朝与匈奴之间叛服不定。楼兰，就曾经夹在汉朝与匈奴之间。甚至也因为汉朝与匈奴的争夺，以及楼兰国王的一念之差，楼兰国从此改名为鄯善。

　　楼兰位于丝绸之路西域段的最东端。汉朝使者想要前往西域，楼兰是难以绕开的交通节点。因此，汉朝非常重视与楼兰的关系。这样一个地理位置极为重要的地方，自然也得到了匈奴的关注。而身处汉朝与匈奴两大势力夹缝中的楼兰王国，不得已将自己的两个王子分别送往匈奴和汉朝去做人质。然而，等老楼兰国王去世，匈奴人率先将人质王子安归送回楼兰，成为新一任楼兰国王。

　　新的楼兰国王安归更加亲近匈奴。在匈奴的挑拨下，安归多次斩杀汉朝使臣，这让汉朝朝廷非常不满。于是，汉昭帝元凤四年（公元前77年），担任平乐监的傅介子主动请缨，处理楼兰国的事情。他带着一队士卒和很多财宝，假装是奉皇帝之命去赏赐西域各国国王。楼兰国王贪图宝物，放行了傅介子一行人，并设宴款待他们。宴会上，傅介子假装有皇帝的密信告知楼兰国王，将国王拉到一边。楼兰国王没有防备，被傅介子安排的两名壮士刺杀而死。

　　此时，宴会上的楼兰国贵族看到这一幕，惊恐地四散逃走。傅介子大声呵斥道："楼兰国王背叛汉朝，天子派我来诛杀他，立国王之弟为新国王。现在大汉的军队已经到来，你们不要轻举妄动，否则楼兰将会灭国！"贵族们不敢轻举妄动，只好迎接亲近汉朝的新国王。而汉朝为了监视楼兰国内的动向，在附近的伊循城驻军屯田。自此以后，"楼兰"这一国家名称也正式"寿终正寝"，"鄯善"这个名字正式登上历史舞台。

罗布泊

◀ "有翼天使"壁画／图片来源 国际敦煌项目
神像插上了一双翅膀。1907年2月，斯坦因发掘于新疆若羌县米兰佛寺遗址，壁画现藏于大英博物馆。

▼ 楼兰壁画墓前室东壁宴饮图／摄影 刘玉生
虽然壁画上几个人物的面部已模糊不清，但从其手部动作可以推测出，他们正端着酒杯，宴饮畅聊。

作为一个开放的国度，楼兰既接纳了来自印度的佛教，同时又融合了希腊的艺术，非常创意地给神佛添上了天使的翅膀，创作出了"有翼天使"。在佛教的极乐世界里，你还能看到人们宴饮畅聊的场面。再仔细看，他们端着的酒杯，却又是当时雄踞中亚的贵霜帝国酒器的样子。楼兰人喜爱来自蜀地的上等织锦，也喜欢时尚的半袖绮衣，样式前卫大胆的罗马艺术织品也不拒绝。此时的楼兰丰富、热烈，各个国家的文化都在这里得到了善待和别样的创新。

▲ "宜子孙"锦（局部）／摄影 刘玉生
尼雅遗址8号墓出土的"沙漠王子"，其陪葬品中有大量精美的编织物。

◀ 半袖绮衣／摄影 刘玉生
出土于楼兰古城北墓，虽然右部已残缺，但依旧能看到整体的款式十分新颖别致，而且用色鲜艳大胆。

与惊艳的睡美人"小河公主"对应的，是出土于尼雅遗址8号墓的"沙漠王子"。据推测，他是末代精绝国国王。考古学家在他的墓葬里发现了大量保存完好的精品织物，足以让人想象曾经的繁华盛景。其中，来自蜀地的织锦，距今超过1000年，色彩依然艳丽，织锦上绣的"五星出东方利中国"八个汉字，清晰可辨，让人惊叹。

生活富足的楼兰人，创造了繁荣的文化，给罗布泊一带增添了更吸引人的人文色彩。一个生活在这里的楼兰人曾呼喊道："大地不曾负我，须弥山和群山亦不曾负我，负我者乃忘恩负义之小人。我渴望追求文学、音乐以及天地间一切知识，天文学，诗歌创作，舞蹈和绘画。世界有赖于这些知识。"

好景不常在，繁华有尽时。当时的楼兰人绝没有想到，后来他们再没有这样追求知识的机会了。公元6世纪左右，楼兰逐渐销声匿迹。到了公元645年，西行取经的玄奘在路过楼兰古城时，眼见曾经的国际化大都市繁华散尽，不禁感慨道："城郭岿然，人烟断绝。"意思是，这里的城墙依然在此岿然不动，但这里的人烟全都消失了。

这一切，到底是为什么呢？

水去人散

楼兰灭亡的原因是相当复杂的，既有外敌的入侵、丝绸之路的改道，还有突发的传染病……而其中较为重要的原因，便是生态环境的恶化。

距今 200 多万年以来，罗布泊本身就处在一个日渐干旱、萎缩的环境之中，尤其在与人类相遇之时，罗布泊的环境已大不如前，河流萎缩、风沙盛行，生态环境十分脆弱。然而，雪上加霜的是，越来越多的人类活动极大地加重了这里自然环境的负担。

自楼兰归属汉朝管理开始，中央政府便在这里屯兵，并进行大规模的屯田开荒。据文献记载，将领索励曾带领千名士兵在这里屯田，为了扩大屯田面积，又调动数千人横断注滨河（今称车尔臣河），兴修水利，以保证农田的灌溉。到了魏晋时期，屯田活动依然在持续。此外，人们砍伐大量的树木作为房屋建筑的用材或生活燃料，植被因此受到破坏，进而土地涵养水源的能力下降。大规模农业开发、砍伐树木等都对这里原本脆弱的生态环境造成了破坏性的打击，注入罗布泊的水源被大量消耗，流向罗布泊的水越来越少，河道慢慢地干涸，湖泊面积也一天比一天小。

湖水退去的地方，风成了主要的外力作用，大风卷起沙石，撞击地表，再加上周围山地突发的山洪、暴雨等，大地上形成了一道道沟谷。沟谷间凸起的土丘，或形如城堡，或形如巨轮。它们构成了罗布泊地区常见的雅丹地貌。

▶ 枯死的胡杨树／摄影 赵来清
胡杨树活着千年不死，死后千年不倒，倒后千年不朽。

▼ 罗布泊的沙尘暴／摄影 孙志军

大风裹挟着黄沙，筑成了一堵高大的移动沙墙，气势汹涌地向前方滚滚而来。

神奇雅丹地貌是如何形成的？

　　大家都说大自然是一位"天然雕塑家"，流水、冰川、风、生物都可以在大地塑造出千奇百怪的地貌景观。气候干旱的沙漠地区是风的舞台。这个来无影、去无踪的"工匠"，在沙漠中留下了一个个"城堡""蘑菇"。它是怎么做到的呢？

　　当风吹过地表的时候，或吹起沙石，或携带着沙石冲击地表，使地表受到侵蚀，这就是风蚀作用。荒漠中许多奇形怪状的土丘、岩石正是在风蚀作用下形成的。而这些奇特的景观就叫作风蚀地貌。雅丹地貌是一种典型的风蚀地貌，"雅丹"在维吾尔语中的意思是

风蘑菇或风蚀柱：风吹动沙石冲击地表叫作磨蚀，其强度与距地面的高度有关，离地面越近，风中含沙量越大，对地表的磨蚀作用就越强。一些出露的岩石因为底部长期经受强烈磨蚀，所以呈现上部宽大、下部窄小的形状，形如蘑菇，这就是风蘑菇，也叫蘑菇石。

◀ 风蚀柱／摄影 文兴华

风蚀城堡：在一些质地较软的水平岩层地区，经过长期的风蚀作用，会留下一个顶部较平而四周坡度较陡的残丘。如此方方正正的模样，从远处看就像是一座历经岁月沧桑的古城堡，这就是风蚀城堡。

▶ 风蚀城堡／摄影 钟跃

"陡壁的小丘"，其中最典型的就在罗布泊地区。

雅丹地貌一般发育在干旱地区干涸的湖底。内流区气候比较干旱，湖泊往往是河流的最终归宿。这些河流从山中带来大量泥沙、碎石，最终沉入湖底，形成巨厚的沉积层。湖水全部退去之后，就只剩下干涸的湖底。干旱缺水使得湖底表面容易形成裂缝。于是，风就开始了它的创造，形状各异的土墩、沟槽、蘑菇伞等"破土而出"。根据形态特征，雅丹地貌主要有以下几种类型：

风蚀谷：干旱的地区并不是雨露不沾，偶尔还会下大暴雨。在雨水的冲刷下，松软的地表形成一条条深浅不一的小沟。之后，在风蚀作用下，这些小沟继续加深加宽，最终形成风蚀谷。风蚀谷宽窄不一，有的风蚀谷平坦开阔，而有的风蚀谷则是一条狭长的壕沟。

▶ 风蚀谷／摄影 钱玮
这是位于罗布泊的龙城雅丹，是由常年盛行一个方向的大风侵蚀而成的雅丹地貌，外形酷似大海上整装待发的舰队，由此被命名为"西海舰队"。

风蚀石窝：当裹挟着沙石的风与位于迎风坡的岩壁相遇时，岩壁会被磨蚀出一个个小坑。这些小坑大小不一，形状各异，有的密密麻麻地聚集在一起，而有的则稀稀疏疏地零星分布。岩壁上如同蜂窝般的这些小坑，就是风蚀石窝。

风蚀洼地：强而有力的风驰骋在铺满松散物质的地表，经过长时间的吹蚀，地面会被吹出一个个宽大的、轮廓不明显的凹地，这就是风蚀洼地。一般风蚀洼地呈椭圆形，并沿主风向成行分布。

狂风日复一日地吹着这里的土地，风力侵蚀而成的雅丹地貌孤独地守望着这片土地。而被风吹走的沙尘，则在罗布泊的南侧和阿尔金山的北侧降落堆积，从而促进了新疆第三大沙漠——库姆塔格沙漠的形成。

　　环境恶化带来了一系列连锁反应。农作物和牲畜的产量日益降低，食物逐渐减少，能够供养的人口也越来越少。人们不得不加大对自然的索取力度，如开垦更多的土地，开发利用更多草地，这反过来又加剧生态破坏。生态环境无法承载过多人口，人们便逐渐流散，原本繁华的古国逐渐被荒废遗弃。而楼兰，也在历史的记忆中慢慢地变得模糊……

　　当时光来到 20 世纪的后半叶，人们对塔里木盆地的开发势头越来越强劲。人们修建大坝以拦蓄上游的河水，在盆地里浇灌出了一片片的农田绿洲。到了 1961 年，那些原来

流向罗布泊的塔里木河、孔雀河、车尔臣河等河流的下游河道全部断流。到这时，罗布泊终于完全干涸。

在这个过程中，不断消退的湖水在湖边留下了一道又一道新的岸线，一直收到湖心，最终在塔里木盆地东缘留下了一只神奇的"大地之耳"，就是故事开头我们从卫星影像上看到的那只大"耳朵"。

就这样，从诸水汇聚形成大湖，造就一片沙漠绿洲，到先民聚集，创造一个个传奇，再到后来环境恶化，水去人散，这就是罗布泊几千年的演变史。如今，小河公主、沙漠王子和楼兰古国都已经一去不返。这样的一个罗布泊，还会续写新的传奇吗？

▼ 干涸的罗布泊／摄影 李学亮

新的传奇

　　答案是肯定的。1964 年，随着一声巨响，中国在这里成功试爆了第一颗原子弹。为什么会选择罗布泊作为原子弹的试验场呢？其实，一开始曾有人建议在敦煌附近进行原子弹试验。但当时考虑的是不只要研发原子弹，还要研发威力更大的氢弹，如果选在敦煌周边，那么势必会影响到敦煌宝贵的文物。相比之下，罗布泊位置更加偏远，人烟稀少，环境条件也符合核试验的要求。因此，这个已经消失的大湖，就成了我国重要的核试验基地。

▼ 罗布泊核试验旧址／摄影 鲁全国

一个代号为"596"的工程

▲ 罗布泊核试验旧址／摄影 鲁全国

　　"9，8，7，6……3，2，1，起爆！"一声巨响震彻罗布泊，一颗红艳的火球滚滚翻动，一朵巨大的蘑菇状烟云冉冉升起。1964年10月16日下午3点，我国第一颗原子弹在罗布泊成功爆炸了！

　　20世纪50年代的中国正经历着艰苦的时期，内部经济落后，外部面临着严峻的国际形势。在"冷战"的世界格局下，资本主义国家对中国采取了经济封锁措施。此外，在抗美援朝、台湾海峡危机期间，美国曾多次对中国发出了核威胁。"要反对原子弹，必须掌握原子弹"，为了维护国家的安全和打破核垄断，中国政府决定开启原子弹研制之路。

　　然而，当时的中国还远远不满足独立研制原子弹的条件。1957年，经过长期的谈判，中苏两国签订协定，苏联将为中国派遣专家，提供原子弹研制的设备，以及帮助建设核工厂等。但随着中苏关系的破裂，1959年6月，苏联单方面撕毁协定，并带走了援助中国的所有核工业专家和设计图。

　　在研制原子弹的道路上，中国只能自力更生了。为了牢记1959年6月这个特殊的时间，中国的原子弹研制项目定名为"596"工程。虽然这条道路困难重重，但是有邓稼先、王淦昌、郭永怀、程开甲等一众卓越的科学家挑起重担，他们和其他工作人员常年隐姓埋名，义无反顾地投身到原子弹的研制工作中。

　　终于，1964年10月16日下午3点整，随着一声巨响，我国第一颗原子弹在罗布泊核试验基地成功爆炸！这声巨响，让全世界听到了中国的力量。中国从此打破了超级大国的核武器垄断，成为世界上第5个拥有原子弹的国家。

20 世纪八九十年代，科考队员发现罗布泊地下蕴藏着丰富的钾盐资源。而钾是农作物生长所需的重要元素，有了它，农作物不仅果实长得饱满，产量多，还可以抵抗病虫的侵害。作为一个农业大国，我国钾肥需求量极大，这个发现无疑弥补了我国钾盐资源的大缺口。

21 世纪初，一个个大规模开采工程在罗布泊地区开展，人们将罗布泊地区的地下卤水抽到地表，人工建造了近 200 平方千米的盐湖。盐湖的湖水碧绿通透，就像是一块翡翠镶嵌在罗布泊。通过阳光暴晒，卤水会在蒸发过程中析出钾盐。钾盐资源的开发给罗布泊带来了公路、铁路、电视、通信等方面的发展。这里坐落着世界上最大的钾肥厂，还建立起面积广阔的罗布泊镇。罗布泊不再是传说中的"死亡之海"，它正在重新焕发着勃勃生机。

除了作为核试验基地、钾盐矿基地之外，罗布泊也对解答西北地区气候变迁、地貌演变、动植物物种等科学问题十分关键。因此，罗布泊也成为科学研究的圣地。

这里的新城、新事、新人都仿佛在告诉我们：罗布泊的故事，不是传说，罗布泊的传奇，仍在继续。

▶ "大地之耳"罗布泊和钾盐场（拍摄日期：2021 年 1 月）／图片来源
　　星图地球今日影像

▼ 罗布泊盐湖／摄影 徐树春

钾盐湖碧波荡漾，在荒漠中如同一颗翡翠明珠。湖面之上，白色的晶状物为盐湖析出的钾盐晶体。

在遥远的西域

漫天的黄沙与连绵的戈壁之间

有一座绿意盎然的天山

在天山深处

河水流淌的地方

藏着一个充满生机的"塞外江南"

草原与雪山，野花与森林

各色生灵在这里相互竞存

牛羊成群，万马奔腾

游牧民族在这里创造文明

造城驻军，屯田移民

中原与西域在这里碰撞交流

而如今

这里旅客来往，货运繁忙

成为对外开放的绝佳窗口

这就是伊犁

一片立足古老历史

拥抱未来的土地

3 伊犁

遥远西域的壮志雄心

▼ 伊犁河谷地形图

伊犁，从行政区划上来说，是指伊犁哈萨克自治州，首府为伊宁市；而从地理单元上来讲，指的是中国境内的"伊犁河流域"，即本书所述的"伊犁"。伊犁河流域位于中国的西北端，伊犁河自东向西贯流，最终注入今哈萨克斯坦境内的巴尔喀什湖。伊犁河流域三面被天山的主脉、支脉所环抱。区别于新疆其他地区干旱缺水的环境，伊犁河流域在大西洋水汽的滋养下，气候湿润，土地肥沃，水草丰美。

巴尔喀什湖

伊塞克湖

伊犁

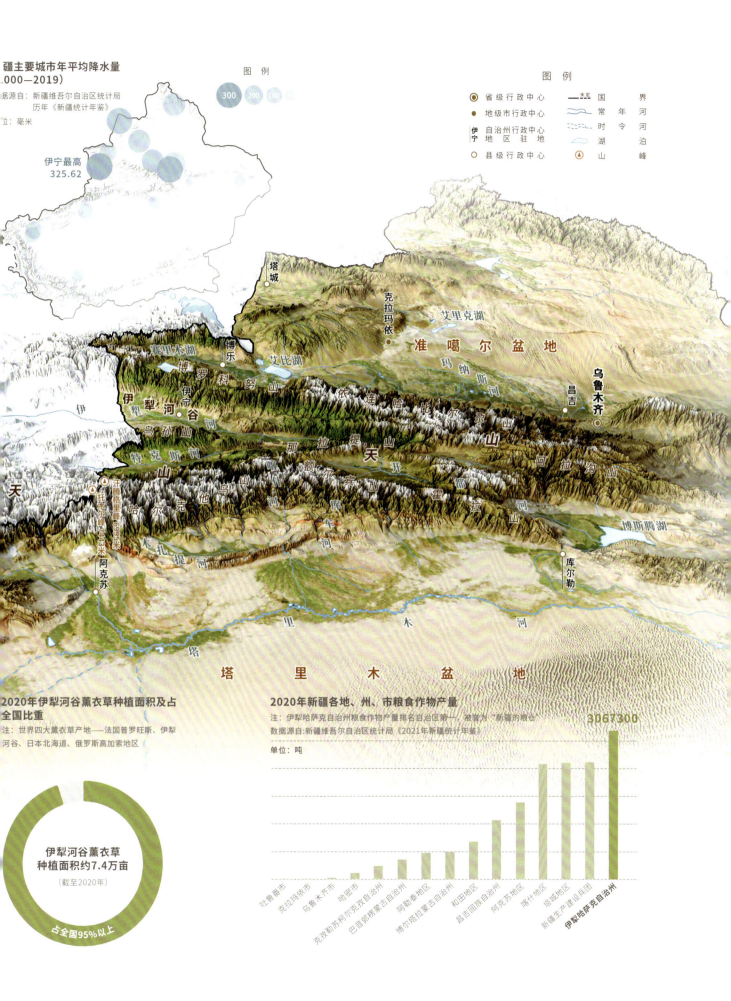

疆主要城市年平均降水量
（000—2019）

据源自：新疆维吾尔自治区统计局
历年《新疆统计年鉴》
立：毫米

伊宁最高
325.62

图例

300 200 100

图例

◎ 省级行政中心　　　——— 未定　国　界
● 地级市行政中心　　　～～ 常 年 河
伊宁 自治州行政中心　　 ～～ 时 令 河
　　 地区驻地
○ 县级行政中心　　　　 湖　泊
　　　　　　　　　　　△ 山　峰

塔城

克拉玛依

艾里克湖

准　噶　尔　盆　地

玛纳斯河

乌鲁木齐

昌吉

博乐

赛里木湖

博　罗　科　努　山

艾比湖

伊宁

伊犁河谷

依连哈比尔尕山

阿拉沟山

库尔勒

博斯腾湖

伊犁河

伊犁河谷

乌孙山

特克斯河

那　拉　提　山

额尔宾山

天

山

哈　尔　克　他　乌　山

阿克苏

托木尔峰
（7443米）

阿腾格里峰（685米）

喀　拉　峻

木扎提河

车尔臣河

天

塔里木河

塔

塔　里　木　盆　地

2020年伊犁河谷薰衣草种植面积及占全国比重

注：世界四大薰衣草产地——法国普罗旺斯、伊犁
河谷、日本北海道、俄罗斯高加索地区

伊犁河谷薰衣草
种植面积约7.4万亩

（截至2020年）

占全国95%以上

2020年新疆各地、州、市粮食作物产量

注：伊犁哈萨克自治州粮食作物产量排名自治区第一，被誉为"新疆的粮仓"
数据源自：新疆维吾尔自治区统计局《2021年新疆统计年鉴》

单位：吨

3067300

吐鲁番市
克拉玛依市
乌鲁木齐市
哈密市
克孜勒苏柯尔克孜自治州
巴音郭勒蒙古自治州
阿勒泰地区
博尔塔拉蒙古自治州
和田地区
昌吉回族自治州
阿克苏地区
喀什地区
塔城地区
新疆生产建设兵团
伊犁哈萨克自治州

伊犁，一个美好而遥远的地方。

说它美好，是因为这里的景致非常迷人，有大片紫色的薰衣草，有无边的草原与连绵的雪山，有成群的牛羊，有漫山的野杏花和野苹果花……它的一切，无不让人产生无尽的向往。

而说它遥远，是因为"遥远"这个词和伊犁一同出现的频率非常高。作家王蒙在伊犁生活工作 10 余年，多年后，当他回忆起伊犁往事，写下《新疆的歌》时，开头便是"在遥远的伊犁"。

从地图上看，伊犁的确很遥远。它偏居中国的西北边陲，与北京直线距离 2900 多千米，距离南方人口密集、经济发达的广州更是远达 3700 多千米。即便是在新疆内部，从伊犁州首府伊宁到自治区首府乌鲁木齐，直线距离也有 500 多千米，驱车 8 个小时才能到达。

但在历史上，特别是在清朝的鼎盛时期，新疆的政治、经济中心并不是现在的乌鲁木齐，而是这个"遥远的地方"——伊犁。

位置偏远的伊犁，为什么如此美丽？它又为什么如此重要呢？

▶ 伊犁尼勒克县唐布拉草原／摄影 郝沛

第1幕

天山西部的『大喇叭』

要回答这个问题，我们需要先看看伊犁所在的新疆整体是什么样的情况。

作为中国陆地面积最大的省级行政区，新疆深深地嵌在亚欧大陆的腹地，距离海洋十分遥远。来自东面的太平洋的水汽鞭长莫及，正所谓"羌笛何须怨杨柳，春风不度玉门关"，这里的春风，指的就是来自太平洋的季风。而南侧的青藏高原及其边缘地带，喜马拉雅山、冈底斯山、昆仑山，就像一重重巨大的屏风，层层拦截了自印度洋北上的暖湿气流。

少有水汽眷顾的新疆，便形成了大面积的沙漠、戈壁。

▼ 库木塔格沙漠与火焰山相互呼应／摄影 鲁全国
库木塔格沙漠是我国离城市最近的沙漠，位于吐鲁番盆地东北部。火焰山是中国夏季温度最高的地方，赤红色的山体如一团炙热的火焰。

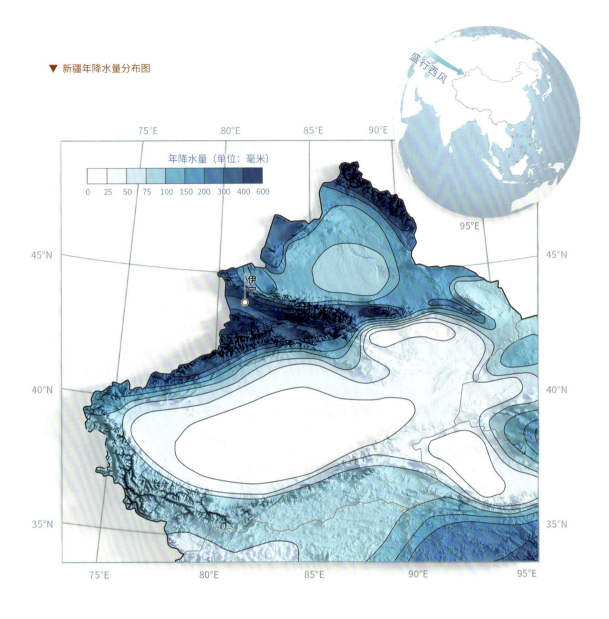

▼ 新疆年降水量分布图

这样看来，地处新疆的伊犁，也基本"与水无缘"了吧？实际情况并非如此！在"与水的缘分"上，伊犁在新疆可谓"特立独行"。它的年降水量可以达到 400 毫米以上，山坡的一些地方更可以达到 600 ～ 800 毫米，局部地区的年降水量甚至可以比肩江南地区！

在中国最大的盆地——塔里木盆地中，诞生了我国面积最大的沙漠——塔克拉玛干沙漠。这里终年干旱，年均降水量不超过 100 毫米，历史最低纪录只有约 5 毫米。而位于天山东部的山间盆地——吐鲁番盆地，更是我国夏季气温最高的地方，大地就像被热烈的火焰炙烤一般，干燥而炎热。

伊 犁

伊犁地区相对丰富的降水，与它独特的地形息息相关。从空中俯瞰，北天山和南天山南北夹峙，围起了伊犁河谷的大轮廓。这两条山脉逶迤连绵，高耸险峻，海拔多在4000米以上。相较之下，中天山就没那么巍峨了，这里平均海拔仅有3000米，山势平缓，将伊犁地区分割成山、谷相间的小区域。

　　高耸巍峨的南北天山自西向东收缩围合，形成了一个向西展开的喇叭形山谷，而西边面朝的便是开阔平坦的欧亚草原。

▶ 早春的那拉提草原／摄影 赖宇宁
▼ 伊犁北侧的科古琴山／摄影 赖宇宁

　　深处内陆的伊犁虽然得不到来自太平洋和印度洋水汽的滋养，但它西边5000千米外，还有一个大西洋。虽然大西洋距离遥远，但这里所处的中纬度地区常年盛行西风，大西洋的水汽乘着西风一路向东，沿途还有地中海、黑海、里海、巴尔喀什湖等大小水体的水汽补充。裹挟着水汽的西风吹过地势低平的欧洲平原和欧亚草原，一直吹进这个喇叭形的山谷。

　　来自大西洋的水汽被三面大山兜住，无法继续前行，就在迎风坡化为层层云雾，最终形成降水降落山间。因而，虽然天山挡住了去往塔里木盆地的水汽，但它也如一台超级"集雨器"，把充沛的降水汇聚于此。

　　在冬天，雨水以降雪的形式从天空中飘落，伊犁便成了雪的国度。大量的降雪使得山中的积雪可以达到几米厚，道路上，人们就像在高高的"雪墙"间行进，这样的场景在其他地方非常少见。降雪不断积累压实，在高山上形成了"固体水库"——冰川。据统计，整个伊犁河流域的冰川面积有3052平方千米，其中中国境内的冰川面积占整个流域的2/3，为2023平方千米。

◄ 风雪中转场的牧民和羊群／摄影 赖宇宁

随着季节更迭，伊犁地区的牧民们年复一年赶着羊群、牛群和马群往返于不同的草场之间，这样大规模的迁徙被称为"转场"。大雪中，牧民赶着羊群向天山冬牧场迁徙。

众多河流从高山上奔腾而下，一路穿越森林，漫流草原，切出峡谷，最终汇聚成新疆水量最丰富的河流——伊犁河。河水在宽阔的河谷中肆意流淌，一路滔滔西去，流出国门，在哈萨克斯坦注入巴尔喀什湖的西部。因此，在西风带的助力下，伊犁不仅成为新疆乃至整个亚洲内陆最湿润的地区之一，还滋养了其下游大片区域。

　　有意思的是，巴尔喀什湖有着极大的长宽比，像一条河一样蜿蜒在亚洲腹地。由于湖泊东西两端距离遥远，且湖泊中部水道狭窄，所以湖泊东西部间水体交流缓慢，巴尔喀什湖就如同被分为东西两个湖泊。湖泊西部有水流较大的伊犁河注入，而东部只有较少的水源补给。在湖水大量蒸发的情况下，东部水位相对较低，西部的湖水会流向东部。湖泊东部成为整个流域水流的最终归宿，同样也是盐分的最终归宿。因此湖泊东部含盐度越来越高。而湖泊西部虽然接收了大量盐分，但它们会随着湖水流入东部，并不会大量积累。巴尔喀什湖因此呈现出"西淡东咸"的奇特格局。同时，伊犁河也带来了众多的泥沙，让湖泊西部更为混浊。相比之下，东部则更为蔚蓝清澈。从空中俯瞰，有时湖的东西两部分颜色差异十分明显。

▶ 巴尔喀什湖／图片来源 NASA
巴尔喀什湖是位于哈萨克斯坦共和国东南部的堰塞湖，东西长 605 千米。

▼（下左）特克斯河／摄影 赖宇宁
特克斯河为伊犁河上游的一条支流，河流蜿蜒曲折，将河谷不断拓宽。

▼（下右）伊犁河／摄影 赖宇宁
从空中俯瞰，伊犁河在宽阔的河谷中静静流淌着，如同一条舞动的蓝色飘带。

伊 犁

第 **2** 幕 万物竞秀的『大花园』

伊犁这样一个大喇叭口造型的地形，不仅形成了一个"集雨器"，还是一个"保温机"。伊犁地区为谷地，在冬季时，谷底易聚集冷空气，其气温相对山坡的温度较低，形成了"上热下冷"的逆温层。同时河谷外围的大山可以抵挡大部分凛冽的寒风，因此在冬季的时候，往往山谷之外寒风呼啸，河谷的山坡上却没有那么寒冷。

充沛的降水加上相对温和的气候，为许多植物提供了良好的生长环境。著名的雪岭云杉，高大挺拔，是天山林海中主要树种之一。仅仅凭一个树种的力量，雪岭云杉就在天山的北坡形成了一条长度超过 1000 千米的森林带，宛如一道绿色长城！即使是在严寒的冬天，它们依然常绿如新，从空中俯瞰，笔直挺立的树木如同万箭齐发。在一些地方，草原稍稍占据上风，与森林交错分布，铺满高低起伏的山坡，形成"花斑森林"。

▲ 喀拉峻雪岭云杉林／摄影 郑通达
雪岭云杉主要分布在俄罗斯与中国的新疆。雪岭云杉一般高 30～40 米，树干粗壮笔直，高大挺拔，如剑指苍穹。

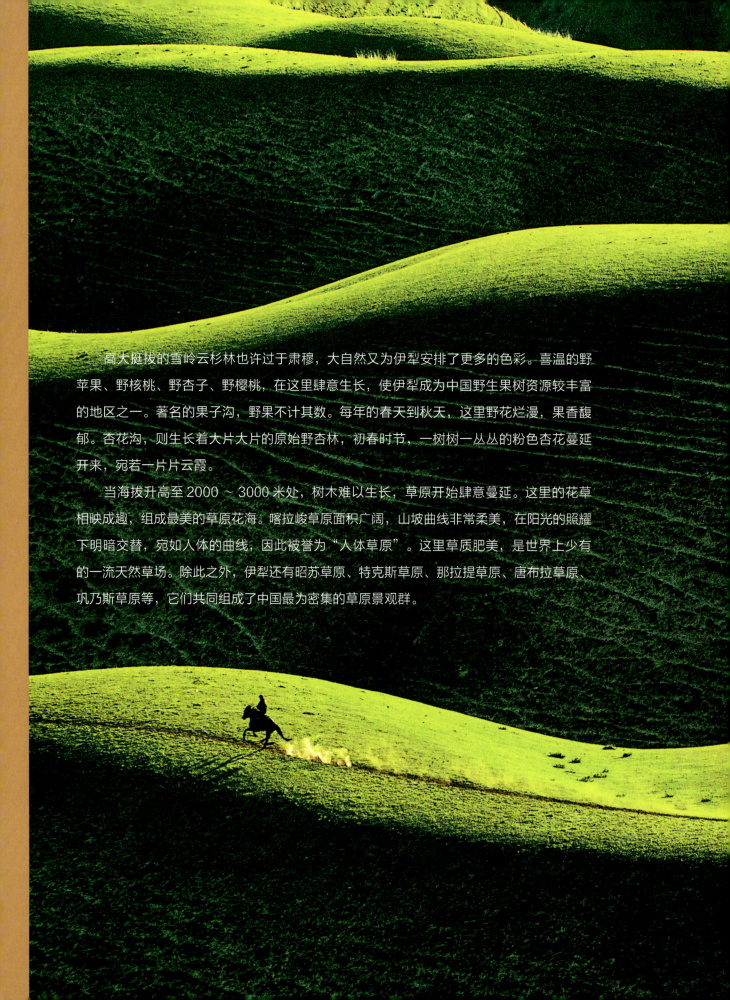

高大挺拔的雪岭云杉林也许过于肃穆，大自然又为伊犁安排了更多的色彩。喜温的野苹果、野核桃、野杏子、野樱桃，在这里肆意生长，使伊犁成为中国野生果树资源较丰富的地区之一。著名的果子沟，野果不计其数。每年的春天到秋天，这里野花烂漫，果香馥郁。杏花沟，则生长着大片大片的原始野杏林，初春时节，一树树一丛丛的粉色杏花蔓延开来，宛若一片片云霞。

当海拔升高至 2000 ~ 3000 米处，树木难以生长，草原开始肆意蔓延。这里的花草相映成趣，组成最美的草原花海。喀拉峻草原面积广阔，山坡曲线非常柔美，在阳光的照耀下明暗交替，宛如人体的曲线，因此被誉为"人体草原"。这里草质肥美，是世界上少有的一流天然草场。除此之外，伊犁还有昭苏草原、特克斯草原、那拉提草原、唐布拉草原、巩乃斯草原等，它们共同组成了中国最为密集的草原景观群。

▲ 喀拉峻"人体草原"／摄影 刘辰

喀拉峻草原山坡光线明暗交替，曲线柔美，宛如美人的后背。

◀ 盘羊／摄影 杨良其
盘羊，又称为盘角羊，头上螺旋状
的大角十分抢眼。

▼ 北山羊／摄影 赖宇宁

北山羊也叫悬羊，头上又粗又长的
大角像两把弯刀，威武霸气。

栽培苹果的"祖先"：新疆野苹果

说到苹果，你会想到的是什么呢？是又红又大的红富士，还是黄黄圆圆的黄元帅呢？它们都是苹果品种中的"舶来品"。在新疆的伊犁河谷地区，生长着一种古老的苹果品种——新疆野苹果，它是土生土长的"国字号"，也是现代栽培苹果的原始祖先之一。

新疆野苹果大多分布在海拔 1100～1600 米处，最高可达 1700 米。它的果实小小的，颜色有红的、绿的、白的、黄的。你别看它长相毫不起眼，却是苹果界为数不多历经劫难幸存下来的"活化石"。早在上千万年前，喜温的野苹果就已经在天山地区落地生根。后来由于气候变化，在寒冷和干旱的交替影响下，除伊犁地区外，其他地区的野苹果因无法适应突变的气候而逐渐消亡。伊犁地区湿润、温暖的自然条件给野苹果提供了良好的生长环境。此外，伊犁河谷地带的逆温层更是发挥着举足轻重的作用。一般来说，海拔越高，气温越低。但是在一些特殊的地形区，在一定海拔上会出现海拔越高，气温反而升高的现象，这种"上热下冷"的现象就是逆温现象。伊犁河谷存在着明显的逆温现象，在冬季尤为显著。其逆温层在每年 10 月开始形成，到第二年 3 月初逐渐消失，一般出现在海拔 800～2000 米的地方。逆温层就像一件厚实的棉袄包裹着农作物，使它们免受凛冽寒风的伤害。因此，伊犁河谷成了新疆野苹果躲避寒冷的家园。

如今，新疆野苹果成了一个宝贵的"基因库"，在它的身上，隐藏着现代栽培苹果起源的秘密，是研究苹果品种演变不可多得的"活化石"。

▶ 伊犁野苹果林／摄影 赖宇宁

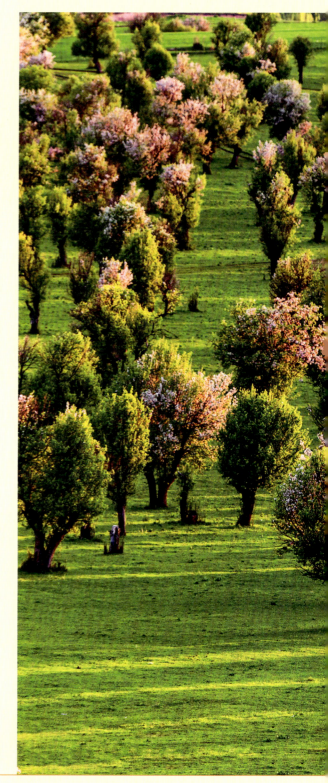

伊 犁

巩乃斯草原的两"宝"

在伊犁河上游的巩乃斯河和喀什河流域，有一片富饶丰美的草原，它就是巩乃斯草原。"巩乃斯"在蒙古语中的意思是"太阳坡"。在巩乃斯草原上，巩乃斯河如一条银色的水飘带蜿蜒而行，鸭茅、红三叶、红豆草等优良牧草在这里生长蔓延。依山傍水，水草丰美，得天独厚的自然环境，让巩乃斯草原孕育出了两种非凡的宝物——伊犁马和新疆细毛羊。

巩乃斯草原上的第一"宝"，便是体格健壮的伊犁马。早在公元前 2 世纪，位于伊犁一带的乌孙国就以盛产良马而闻名，并时常将马作为贡品向汉帝国进贡。汉武帝对这些品质优良的乌孙马十分喜爱，赐名"天马"。天马就是现代哈萨克马的祖先。而如今的伊犁马，则是以哈萨克马为母本，融合了来自不同国家良马的血统培育而来的。伊犁马身形健美，兼具力量和速度，能够适应寒冷的天气及其他恶劣的自然环境，是中国名马之一，堪称"国之瑰宝"。

除了伊犁马，巩乃斯草原上还有一种宝物，那就是原产于巩乃斯草原的新疆细毛羊。新疆细毛羊是一种对生长环境有着很强适应性的羊品种。它们全身长满了细柔的白羊毛，产毛量是普通绵羊的好几倍，满周岁的公羊产毛量可达 17 千克，母羊也能达到近 13 千克。而且羊毛毛质柔软坚韧，色泽好，是优质的羊毛纺织品原料，用其制作出来的毛衣、毛裤舒适保暖，畅销国内外。

位于伊犁河谷内的巩乃斯草原，孕育出伊犁马和新疆细毛羊两"宝"。蓝天白云下，在如茵的草场上，万马奔腾，绵羊成群，这为伊犁河谷增添了丰富的色彩，也让这里成为伊犁人的聚宝盆。

▶ （上）伊犁马／摄影 赖宇宁

▶ （下）新疆细毛羊／摄影 赖宇宁

伊犁

第 *3* 幕

西域古国的『根据地』

　　自然条件优越的伊犁，在干旱荒芜的西域可谓"只此一家，别无分号"。而这样的自然条件，也让伊犁成了"兵家必争之地"，它在新疆的历史中扮演了独特而重要的角色。

　　首先，伊犁以西、以北的草原上游牧民族众多。水草丰美的伊犁，很早就成了古代游牧民族的聚集地，并为他们建立强大的游牧政权提供了坚实的物质基础。西汉时期，乌孙就占据了伊犁一带，借此成了当时实力强大、地域广阔的大国。

▼ 昭苏县马场／摄影 赖宇宁

在伊犁草原上，寻找古文明的遗迹

在美丽的伊犁草原上，旖旎的自然风光吸引了许多人的目光。但不该被忘记的，还有伊犁草原上大量的人文景观。历史上的游牧民族，曾在这里遗留了大量文明遗迹，其中就有伊犁草原的"三大人文奇观"——岩画、乌孙土墩墓及草原石人。那么它们有怎样的历史与传奇呢？

岩画

在漫长的历史长河中，富饶的伊犁河谷吸引了许多原始部落和游牧民族来到这里，逐水草而居。他们曾在这里放牧牛羊，骑马驰骋。他们也在岩石上刻下图案，形成一幅幅岩画。根据文物工作者的调查，伊犁河谷发现40余处岩画，大多分布在河谷两岸的山地之中。古代游牧民族在伊犁河谷的"创作"，造就了一个精彩纷呈的岩画画廊。

这些岩画中，狩猎、放牧是主要题材。有的岩画寥寥几笔，刻画了马、牛、羊等动物的形象，有些则相对复杂，展现了牧民们狩猎、放牧、祭祀的场景。如位于新源县则克台镇的一处岩画，描绘的就是一次场面宏大的围猎活动。画面中有数十只大小不一的牛、羊、鹿。近20位猎人分成几队，他们或步猎、或骑猎，分工合作，气氛紧张，惊心动魄。

岩画的创作时间长久而绵延，在各个历史时期均有创作。即便是在一处岩画中，也存在不同时期、风格差异显著的岩画。不过，由于材料、研究手段的限制，我们仍然很难知晓这些岩画的具体创作年代。古代居民留下的更多谜团，正等待着现代人用更科学、更先进的方法来解答。

▲ 新源县则克台镇洪沙尔沟岩画

参考资料：苏北海《新疆岩画》

▲ 草原上的夏塔墓群／摄影 赖宇宁

乌孙土墩墓

　　如果你走在伊犁的草原上，或许会看到一座座圆形的土丘。这些外形奇特的小土丘，便是乌孙土墩墓。在西汉时期，伊犁曾经是乌孙国的领土，以游牧为生的乌孙人在这片丰美的草原上生活了数百年，留下一个个小土丘一样的土墩墓。

　　土墩墓是一种墓葬形式，主要是在平地上筑起一个个高低不一的圆形土丘。大多数土墩的高度不超过 1 米，但也有一些土墩高度可达 7 米左右。大小不同的墓葬在一定程度上反映了当时乌孙人鲜明的等级特征。此外，一些土墩墓群还呈现出南北向链状排列、同列墓葬大小较为一致等特征。如位于昭苏县西南约 70 千米处夏特柯尔克孜族乡的夏塔墓群，共有 3 处墓群，总计 91 座墓葬。从空中俯瞰，一个个土墩墓整齐地在草原上排成一列，延伸至远处的山脚，恢宏壮阔。

　　西汉时期，乌孙与汉朝的交流增加。西汉政府曾在乌孙赤谷城进行屯田，考古工作者曾在昭苏县的一处土墩墓封土中发现一件铁犁铧，与关中地区出土的西汉中晚期"舌形大铧"非常相似。铧是犁上用以破土的部件，它的出现意味着中原的农业技术可能在西汉时就已经传播到了伊犁地区。

　　这些成列的土墩墓巍然矗立在草原上，是乌孙人留下的重要历史遗迹，也为人们研究过去西域与中原的交往留下了证据。

草原石人

　　斗转星移，沧海桑田，历史的车轮不断向前推进。到公元6世纪，又一个游牧民族——突厥在亚洲中部的草原之上崛起。他们打败曾经的霸主柔然，建立起强大的突厥汗国。而后由于内部的斗争及来自隋朝的压力，突厥汗国分裂为东西两大部分。今天伊犁河谷一带，就被纳入西突厥汗国的势力范围。他们像曾经生活在这里的乌孙人那样，留下了独特的痕迹。其中最为有名的，莫过于伊犁草原上矗立着的一座座神秘的石人雕像。

　　根据文物工作者的调查结果，伊犁河谷内的石人共有近60尊，其中昭苏县、特克斯县境内数量最多。大部分石人出现于公元6世纪中叶至9世纪中叶，相当于北朝中后期至唐代晚期。这些石人雕像与突厥人"立祠庙""刻石为像"的丧葬习俗有关。尚武好战的突厥人，会根据逝者生前的英勇形象雕刻石人，成为一个个难以被磨灭的"突厥武士"。它们大多神情严肃，右手捧杯于胸前，左手紧握着长剑。这些石人被发现时，往往立在墓葬封堆前，面朝东方，它们就这样静静地度过了千余年时光。

其中最有名的，当数昭苏县洪纳海乡发现的小洪纳海石人，其头戴冠饰，背后及腰的长发清晰可见。它的独特之处在于其下部有共计20行粟特语铭文。根据学者的解读，这些铭文表明该石人刻画的可能是史籍中西突厥汗国的泥利可汗。

精彩的岩画、壮观的土墩墓、神秘的草原石人……一处处人文奇观，让伊犁河谷更加引人入胜。当你走进伊犁河谷，除了欣赏广阔草原的壮美风景之外，不要忘记去探寻和聆听这片草原波澜壮阔的历史。

◀ 小洪纳海石人／摄影 赖宇宁
小洪纳海石人墓位于伊犁昭苏县，现为全国重点文物保护单位。

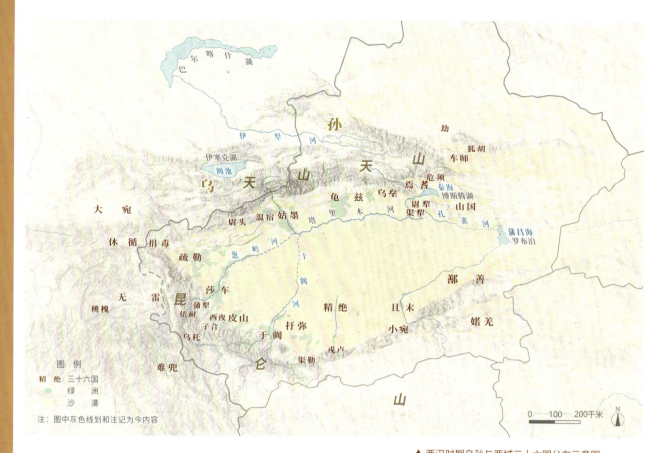

▲ 西汉时期乌孙与西域三十六国分布示意图

"西域三十六国"大部分是绿洲之上的农业小国，相比之下，天山以北的乌孙政权地域广阔，实力强大。

　　在伊犁的南边，翻过南天山，就是干旱的塔里木盆地。这里没有像伊犁那样相对优异的水资源条件，无法形成大片的森林和草原，只能凭借天山之上的冰雪融水和地下水等，在盆地边缘形成一个个独立分割的绿洲。历史上的"西域三十六国"，大部分就是在这些绿洲上建立起来的农业小国。

　　汉唐时期，由于中原王朝和这些绿洲小国都以农业经济为主，彼此相似，中原王朝就将经营西域的重心放在了这些天山以南的绿洲小国上。要是中央政权足够强盛，尚且可以维持对天山以北的游牧政权及以南绿洲小国的治理，维持边疆的安定。一旦中原的势力变弱，中原王朝多年经营的心血随时就会在游牧政权南下的铁蹄中灰飞烟灭。

　　西汉以来，历朝历代中原王朝为了经营西域这片热土，努力了 2000 多年，从西汉张骞，到东汉班超、班勇，再到唐朝名将苏定方、高仙芝等，无不费尽心血。然而有时付出与回报并不成正比。即便在强盛的汉唐时代，西域仍然避免不了降服之后又叛变、叛变之后又降服这样反复不定的局面。甚至在宋朝到明朝的几百年间，中央政权基本失去了对西域的有效控制。如果这种状况长期延续，中国也许将永远失去西域。这种局面到底怎样才能破解呢？

雄心勃勃的『黄金时代』

转机出现在清朝乾隆年间，这次转机，不仅使西域（新疆）被中央政权牢牢掌控，还使伊犁一度成为新疆的政治、经济中心。康熙末年，西北地区的少数民族发生叛乱，相继占领了新疆、西藏等地，史称"准噶尔叛乱"。乾隆二十二年（1757 年），前后近 70 年的平定准噶尔叛乱的军事活动最终落下帷幕。两年后，清朝平定大、小和卓叛乱。由此，清朝基本实现了对天山南北的统一，并开始了对新疆的治理与开发。对游牧民族了解至深的乾隆皇帝，决心大规模经营位于新疆腹心地带的伊犁。他派遣大军进入伊犁河谷，开启了一场翻天覆地的大改造，伊犁迎来了它的"黄金时代"。

改造的第一项是造城。清政府在伊犁地区建造了惠远城、塔勒奇城、绥定城、宁远城、惠宁城、熙春城、瞻德城、广仁城和拱宸城，统称为"伊犁九城"。其中的惠远城寓意是即便在远方，也能受到皇帝的恩德，它是"伊犁九城"之首，也是新疆曾经的军事、政治、经济、文化中心。

▼ 清新疆及伊犁九城分布示意图（1820 年）

图 例
—— 末定 国界
—— 末定 今国界

伊犁河谷
新 疆

赛里木湖
察罕赛喇木池

塔 勒 奇 山 脉

拱宸城
广仁城
瞻德城
塔勒奇城
绥定城
（惠远城）
伊犁◎
熙春城
惠宁城
宁远城

奎 屯 河
和尔郭斯河
伊 犁 河
伊 犁 河 谷

乌 孙 山

伊 犁

"伊犁九城"之首：惠远古城

1762年，乾隆皇帝为了加强对新疆的管理，开始在新疆实行军政合一的制度，设立伊犁将军统一行使对天山南北各地的管辖权，伊犁将军府的所在地，便是惠远古城。

如今我们所看到的惠远古城，实际上是19世纪末期重新修建的新城。在新城往南的7.5千米处，是惠远古城的老城城址。老城始建于1763年，后来由于新疆农民起义和沙俄的侵占，惠远老城早已在战乱和岁月的侵蚀下残破不堪，但其历史上的印迹难以磨灭。历史上的政治、文化名人在这里留下过他们的足迹，让这座老城值得铭记。禁烟英雄林则徐就曾在这里生活。在禁烟运动中立下汗马功劳的林则徐，因遭人诬陷被朝廷流放至伊犁，于1842年来到惠远城。他含冤而来，但心中的爱国之心丝毫没有减少。来到伊犁后，他与伊犁人民一起兴修水利，开垦农田，加强西北的边防。他为百姓所做的一切，也让他受到了百姓的爱戴。

1882年，从沙俄手中收回伊犁后，清政府在老城的不远处重新修建了一座新的惠远城。新惠远城东西长1298米，南北宽1194米，其形状近似一个正方形。

▲ 星轨下的惠远城钟鼓楼／摄影 赖宇宁

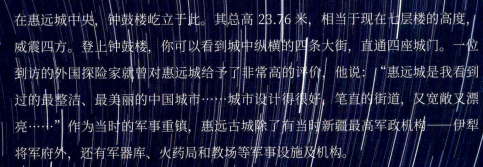

在惠远城中央，钟鼓楼屹立于此。其总高 23.76 米，相当于现在七层楼的高度，威震四方。登上钟鼓楼，你可以看到城中纵横的四条大街，直通四座城门。一位到访的外国探险家就曾对惠远城给予了非常高的评价，他说："惠远城是我看到过的最整洁、最美丽的中国城市……城市设计得很好，笔直的街道，又宽敞又漂亮……"作为当时的军事重镇，惠远古城除了有当时新疆最高军政机构——伊犁将军府外，还有军器库、火药局和教场等军事设施及机构。

如今的惠远古城，虽然已不具有当年的军政地位，但是坐落在古城中央的钟鼓楼、风格尚存的将军府旧址，以及古人们留下的诗词文章，仍然在给我们讲述着这座古城曾有的辉煌。

伊犁

第二项则是屯田。伊犁气候温和湿润，土壤肥沃，适合发展农牧业。因此，乾隆皇帝并没有将伊犁仅仅作为一个军事重镇来看待，而是提出了一个远大的经济目标：要实现伊犁人民的衣、食、财赋等与中部和东部地区无差别。在这个目标的指引下，伊犁的农业迅速发展，到了 1820 年，农田面积超过 120 万亩。

有了城市，又有农田，就有了与前两项同时进行的第三项——移民。为了经营西域，清朝政府一直从全国各地征调移民去边关屯垦，这些被征调的人来自满族、锡伯族、汉族、维吾尔族等多个民族。这些新移民从各个地方来到伊犁，使得伊犁成为一个非常独特的移民社会。在这里，各民族人民互相融合、互相包容、团结互助，这对当地社会的稳定发挥了重大作用。

▼ （左）格登山纪功碑碑亭／摄影 赖宇宁

▼ （右）格登山纪功碑／摄影 赖宇宁

格登山纪功碑位于新疆伊犁昭苏县的格登山上，全称"平定准噶尔勒铭格登山之碑"。碑文为乾隆皇帝御笔亲书，记述了 1755 年清军在格登山平定准噶尔部，叛军首领最终被俘的事情经过。

造城，屯田，移民，经过对伊犁长期的建设，新疆最终形成了以伊犁为核心的稳定行政区。可以说，如果没有清朝当年对伊犁雄心勃勃的大改造、大经营，就没有现在的新疆。1762年，清政府考虑到伊犁为新疆都会，设立伊犁将军为统辖天山南北的最高行政长官。"伊犁"一名也从清乾隆时期延续至今。

　　此时的伊犁河谷，不仅是整个天山地区的交通枢纽，更是整个新疆的腹心地带。伊犁的核心地位一直保持到了清朝末年。至于它的"让贤"，其实是由于当时沙俄的侵略。清末时期，俄国侵占新疆西北大片土地，甚至一度占领伊犁。最终伊犁从新疆核心变成了边陲，新疆的政治中心不得不迁到了如今的乌鲁木齐。新疆的伊犁时代宣告结束。

"他族逼处，故土新归"
——左宗棠誓死收复新疆

清朝末期，朝廷腐败，国力衰退，中国不断受到列强的欺负，一次次被迫割让土地，赔偿巨额款项……

19世纪六七十年代，有英国和俄国在背后撑腰的中亚浩罕汗国入侵新疆，其间，俄国也"趁火打劫"，占领了他们觊觎已久的伊犁地区。伊犁河谷这一"黄金地段"落到了沙俄手中。在国土被蚕食的危急关头，"海防派"李鸿章主张加强海防，放弃新疆。而"塞防派"左宗棠却力主收复新疆，认为新疆地区是西北防御体系的重中之重，不能就此丢弃这块战略重地。1875年，左宗棠被任命为钦差大臣，收复新疆的重担就这样落到了这位年过花甲的老人肩上。他率领几万清军前往新疆，立誓即便战死也要把失去的领土夺回来。

这支西征的大军不仅气势逼人，采取的战略也十分得当，左宗棠有着多年征战大西北的经验，了解天山南北的地理环境差异，决定采取"缓进速战"和"先北后南"的军事战略。1878年，经过三年的战斗，除了依然落在沙俄手上的伊犁外，新疆的其他领土最终收回。

收复伊犁地区，一直以来是左宗棠坚定不移的底线。由于国力悬殊，清政府不敢贸然采取战争手段从沙俄手上夺回伊犁，于是试图通过外交谈判来解决。1879年，在沙俄的胁迫下，出使俄国的钦差大臣崇厚擅自签订了不平等条约《里瓦几亚条约》。条约内约定割让中国部分领土，这引起了左宗棠等大臣的强烈不满，在舆论的压力下，清政府拒绝批准该条约。1880年，清政府再次派遣大臣前往俄国重新进行谈判。与此同时，左宗棠率军兵分三路向伊犁方向挺进，同年五月，左宗棠大军出行到哈密，就近指挥，为收复伊犁誓与沙俄决一死战。

▲ 左宗棠

沙俄恼羞成怒，准备一举入侵。左宗棠并不惧沙俄的嚣张气焰，他深知沙俄刚结束了俄土战争，不仅兵力虚弱，财政也几近枯竭，这种威胁只是一种虚张声势。沙俄面对左宗棠在新疆严阵以待、积极备战的态度也有畏忌，其谈判的态度有所转变。1881年，清政府与沙俄政府签订了《中俄伊犁条约》。虽然该条约依然是不平等条约，但它恢复了清政府在伊犁的部分主权，并收回了《里瓦几亚条约》中割让的特克斯河流域地区。

1884年，清政府在新疆设立行省。"他族逼处，故土新归"，从此，"新疆"成了这片土地的通用名。

重拾遥远西部的雄心

今天的伊犁，虽然不再是新疆的中心，虽然依旧遥远，但这并不妨碍大家对它的向往。

这里的森林、草原、花海等风景，令人应接不暇。

这里的小麦、水稻、玉米、油菜和棉花等在河谷中连绵不绝，苹果树、杏树等果树漫山遍野，草原上牛羊成群，还有一望无际的紫色薰衣草。

这里还拥有中国最独特的城市——特克斯八卦城，它的城市形态与《周易》中的八卦布局十分相似。

同时，伊犁的交通也日益便捷，北京、上海、广州都已经开通了飞往伊犁的航线；高速公路、特大桥梁也连接起了伊犁内外。伊犁还拥有全新疆最大的陆路口岸——霍尔果斯口岸，它是连接亚欧大陆的黄金口岸。

▼ 鸟瞰特克斯"八卦城" ／摄影 赖宇宁

▼ 春小麦秸秆收集／摄影 赖宇宁
拍摄于新疆昭苏县胡松图喀尔逊蒙古族乡。

连接亚欧大陆的黄金口岸：霍尔果斯口岸

在我们国家，口岸一般指的是国家指定的对外来往门户。来自其他国家的游客、商品、货物通过口岸可以进入中国，中国的货物、商品也可以通过口岸出口到其他国家。因此，口岸是一个国家对外交流的重要通道。一般而言，由于沿海地区对外交通更为便利，所以口岸设置在沿海。可是，你知道吗，在深居内陆的伊犁，同样有一个口岸，被誉为连接亚欧大陆的黄金口岸，它就是位于伊犁哈萨克自治州霍城县的霍尔果斯口岸。

"霍尔果斯"在蒙古语中，意思是"驼队经过的地方"，在哈萨克语中，意思则是"积累财富的地方"。之所以有这样一个名字，是因为这里自古以来就是商贸队伍的必经之地。早在隋唐时期，霍尔果斯就是丝绸之路上的重要驿站，骆驼商队络绎不绝地来到这里。到了近代，霍尔果斯开辟市场，成为中国向西开放的重要口岸。

如今的霍尔果斯，处在中国与哈萨克斯坦的边境地带，是312国道、218国道、连霍高速、精伊霍铁路等公路、铁路交通要道的重要节点。这里还拥有中国—中亚天然气管道，以及伊宁机场。因此，霍尔果斯是铁路、公路、航空、管道四位一体的综合交通枢纽。它是伊犁的门户，是我国的"西大门"，是我们国家最为重要的陆路口岸之一。在2021年，霍尔果斯实现了进出口货运量3961.3万吨，贸易额2839.2亿元，货运量连续6年位居新疆口岸之首。

东部沿海地区生产的货物，通过铁路运输到这里后，就要正式告别中国，向着中亚、欧洲等更遥远的地方而去。而这一列列远去的火车，将续写霍尔果斯作为国家重要口岸的辉煌。

▼ 霍尔果斯枢纽功能示意图——公路通道

▼ 霍尔果斯枢纽功能示意图——铁路通道

▲ 霍尔果斯口岸／摄影 赖宇宁

▼ 霍尔果斯枢纽功能示意图——直飞航线

▼ 霍尔果斯枢纽功能示意图——天然气运输管道

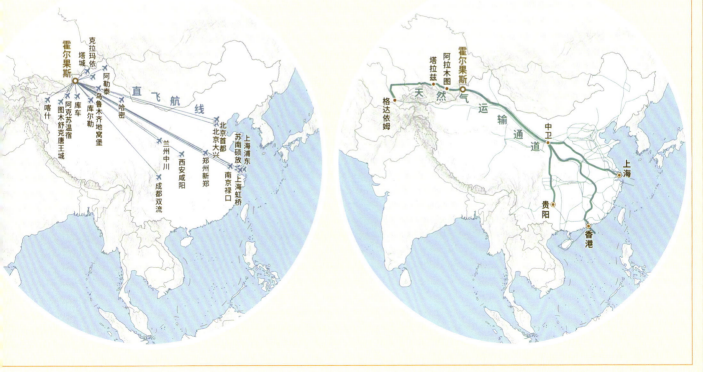

▶ 果子沟大桥／摄影 赖宇宁

果子沟大桥全长 700 米，主跨达 330 米，是连霍高速的组成部分，是连通伊犁河谷与北疆的重要交通工程。果子沟大桥在山谷间画出了一条平滑优美的曲线。

这就是伊犁，它虽然遥远，但依旧美丽。不仅如此，它更是有着一颗澎湃的雄心，正在创造着新的未来！

4

阿里

荒野与文明

喜马拉雅山脉、冈底斯山脉等
雄伟的山脉在此汇聚

雅鲁藏布江、印度河等
亚洲大江大河从这里发源

象雄文明、古格王国等
青藏高原上古老的文明在此繁盛

苯教、藏传佛教等
影响整个西藏的宗教以此为圣地

它被称为"世界屋脊的屋脊"
它就是阿里

阿里地区的"荒野文明"

**阿里地区面积及其人口数量
与东南沿海省份对比**

注：阿里地区为世界上人口密度最小的区域之一
数据源自：阿里地区行政公署《阿里地区第七次全国
人口普查主要数据公报》
国家统计局《第七次全国人口普查公报》

福建
4154万人

12.4

面积
（万平方千米）

34.5

阿里地区
12万人

浙江
6457万人

10.6

10.7

江苏
8475万人

图 例

喀尔	地区驻地	——— 未定	国　界
○	县级行政中心	常年河	
▲	山　峰	时令河	
		湖　泊	

▶ **阿里地区地形图**

阿里地区位于西藏的最西部，这里是西藏平均海拔最高
的区域，平均海拔 4500 米以上。阿里地区山系众多，喜
马拉雅山脉、冈底斯山脉、喀喇昆仑山脉、昆仑山脉等
自南向北排布，在这些主要山脉之间又有许多次级山脉，
分布着纳木那尼峰、冈仁波齐峰等著名山峰。阿里地区
还是许多国际性河流的发源地，包括恒河、雅鲁藏布江、
印度河等。

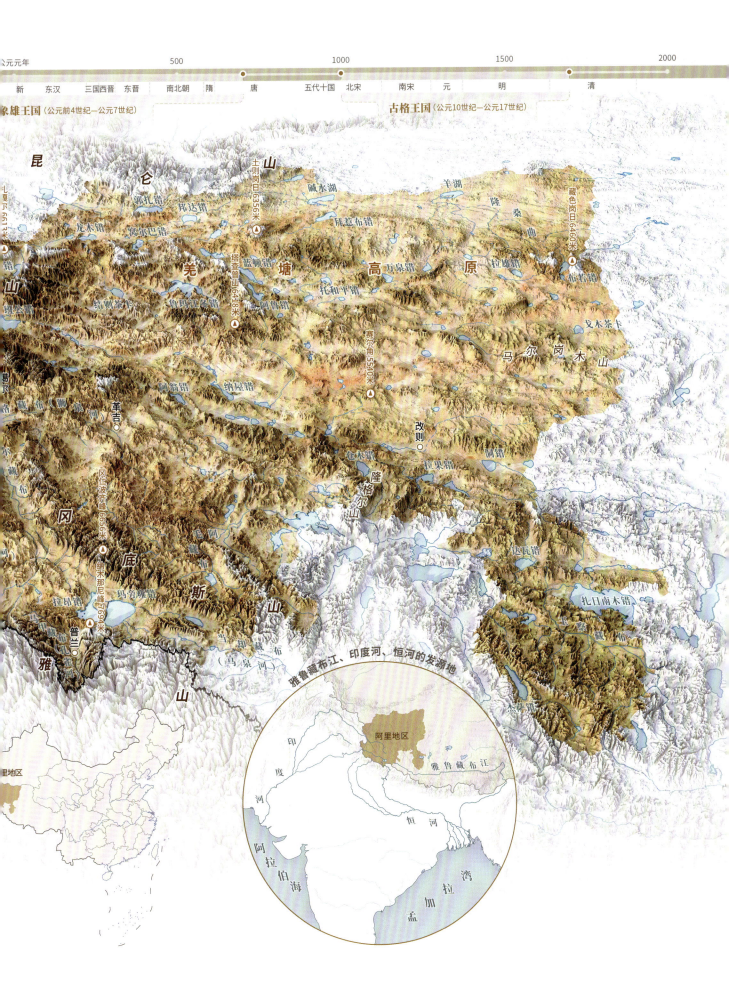

昆

仑

山

七 一 尔 6613米

错

山

龙木错

空尔巴错

结侧茶卡

羌

塘

郭北错

邦达错

猫头错

阿鲁错

士则岗日6356米

碱水湖

耳恙布错

托和平错

高

方泉错

原

羊湖

隆

桑

曲

藏色岗日6460米

布若错

拉庵错

戈木茶卡

搭香普山6418米

赛尔角5420米

马 尔 岗 木 山

阿翁错

纳屋错

革吉

改则

祠错

拉果错

包木错

隆

格

尔

山

冈

仁

波

齐

峰

6656米

冈

底

斯

山

纳木那尼峰7694米

玛旁雍错

拉昂错

普兰

雅

拉

山

当却藏布

（马泉河）

达瓦错

扎日南木错

雅鲁藏布江、印度河、恒河的发源地

印

度

河

阿里地区

雅鲁藏布江

阿

拉

伯

海

恒 河

孟

加

拉

湾

里地区

我们知道，平均海拔 4000 多米的青藏高原是世界上最高的高原，被称为"世界屋脊"，也是中国三级阶梯地形中最高一级的主要构成地理单元。

而在"世界屋脊"之上，有一片被称为"世界屋脊的屋脊"的地方，那就是平均海拔 4500 米以上的阿里地区。除了海拔极高之外，阿里地区所处的位置还十分偏远。它位于西藏的最西边，与拉萨的直线距离超过 1000 千米。而对人烟密集的中国东部地区来说，阿里的遥远程度可以用"远在天边"来形容了。

超高的海拔和遥远的距离，导致这里气候寒冷、人烟稀少。阿里地区总面积广达 34.5 万平方千米，比江苏、浙江和福建三省陆域面积加起来还要大。但总人口数只有 12 万余人，它是世界上人口密度最小的区域之一。

然而，这片看似荒芜的土地，不仅拥有极致的风光，还孕育出了神秘而灿烂的古代文明。今天，西藏许多重要的文化及宗教传统都与阿里的古文明密切相关。

　　所以，阿里究竟有什么？它为何能够孕育出绚烂的高原文明，并且影响至今呢？要解开这一系列的谜团，我们需要从塑造阿里的四大元素说起，追溯阿里的文明之源。

▼ 喀喇昆仑山／摄影 杨柳松
深入阿里羌塘高原的喀喇昆仑山，山体连绵起伏。

隆起的『山山山山』

第 *1* 幕

大约在 6500 万年前[1]，印度洋板块撞向亚欧板块，地球内部的"洪荒之力"持续释放，喜马拉雅山脉等开始隆起。同时，板块碰撞的力量不断向北传递，阿里地区随着整个青藏高原一起隆升。塑造阿里的第一个元素——山随之登场。

阿里地区的南侧是喜马拉雅山脉，冈底斯山脉则从西北向东南方向斜穿了整个阿里，这两条山脉之间最窄处相距仅仅 70～80 千米。大型山脉之间还分布着许多小型山脉，从空中俯瞰，这一列列山脉几乎平行排列，比肩而立。

其中，冈底斯山脉的主峰冈仁波齐峰海拔 6656 米。它山形雄伟，远看就如同一座巨大的金字塔。也许是它雄伟奇特的外形，也许是这里发生的故事，使得这座在群峰竞秀的青藏高原上并不出众的山，成了西藏的第一神山。

----

1 关于印度洋板块与亚欧板块的碰撞时间有争议，存在6500万年前、5000万年前等多种观点。本书采用中国科学院丁林院士的观点，即6500万年前印度洋板块与亚欧板块发生碰撞。

阿里地区的西北侧和北部分别是喀喇昆仑山脉与昆仑山脉。昆仑山脉和冈底斯山脉之间便是羌塘高原，也被称为藏北高原。阿里南部和西部连绵的群山阻挡了暖湿气流，使得这里十分干燥。高寒干燥的高原上冻土、荒漠广布，植被低矮稀疏，种类单调，基本看不见树木、灌丛。

不过，在这样恶劣的环境中，有着数量众多的藏羚羊、藏野驴、藏原羚、藏狐、野牦牛等野生动物。这些动物游弋（yì）在崎岖不平的大地上，自由地享受着那里的冰雪、草地、湖泊，还有那亘古不息的高原之风。

▼ 两山两湖同框照／摄影 刘彦斌
远处为位于喜马拉雅山西段，海拔 7694 米的纳木那尼峰；近处为冈底斯山的主峰——海拔 6656 米的冈仁波齐峰，两峰遥相对望。两山之间，左侧为"圣湖"玛旁雍错，右侧为"鬼湖"拉昂错。

神奇动物在高原——金丝野牦牛

▶ 金丝野牦牛／摄影 卡布
雪地上奔跑的金丝野牦牛，四肢强壮有力，金色的
毛发随风飘逸，英姿飒爽。

高大强壮的野牦牛无疑是羌塘高原上最具震撼力的动物，它们有着适应力很强的"高原体质"，既耐寒又耐旱。含有优质蛋白的牦牛肉和牦牛奶，是高原之上人们的重要营养来源，厚重的皮毛则是抵御寒冷最好的原料。通过驯化野牦牛，高原上的人们找到了可靠的生活依托。

而在我们熟知的野牦牛中，还有一群数量稀少的个体。与黑色的野牦牛不同，它们通体金黄，人们称之为"金丝野牦牛"，是羌塘高原上的神奇动物。

"神牛"的来历

关于金丝野牦牛的来历，在当地有一个传说。金丝野牦牛如今活动的核心区域之一——扎向前雪山（位于阿里地区日土县中东部）是当地藏民心目中的神山。传说位于扎向前雪山东方的布耶雪山是其妻子，当初布耶嫁到这里的时候，布耶的父母把7头金丝野牦牛送给布耶作为陪嫁，金丝野牦牛从此就在这里生活。

当地的藏民也非常尊重"神山"带来的这些"神灵"，认为猎杀它们会带来厄运。即使是自然死亡的金丝野牦牛的骨骸也禁止带回家中。因而金丝野牦牛成为羌塘高原上不折不扣的"神牛"。

为荒野而生的"神牛"

位于"世界屋脊"上的羌塘高原，全年寒冷干燥，植被稀疏，生存环境十分恶劣。而金丝野牦牛的身体结构，能很好地适应这样的荒野生活。

成年雄性金丝野牦牛肩高超过 1.7 米，体重超过 1000 斤，仿佛一辆"高原坦克"。金丝野牦牛自带一件"大棉袄"，厚实的皮毛可以抵御高原地区上的寒冷。它们的舌头上长有一个个"小倒钩"，即使是矮小的草皮或苔藓，也能轻松地"钩"到嘴里，为巨大的身躯供给养分。身处空气稀薄的高原地区，它们也不用担心会有"高原反应"，因为它们的血细胞体积小、数量多，可以携带更多的氧气，携氧量比一般家养牦牛多出好几倍。除此之外，它们还拥有极大的肺活量、粗壮有力的四肢和一对慑人的大角。

别看金丝野牦牛身形这么庞大，它们的动作其实十分灵活，能轻快地走在山间谷地上，甚至在 30°的山坡上都可以任意移动。

"神牛"也是一位"小暴躁"

在野外，雌性金丝野牦牛和幼年金丝野牦牛通常与雄性分开活动，它们一般组成数量几十头的小团体。不过，当你遇到单独行动的成年雄性金丝野牦牛时，你可要小心了。在羌塘几乎没有动物是它们的对手，当脾气暴躁的金丝野牦牛选择正面抗击"入侵者"时，即使是饥饿的狼群和强壮的棕熊也都是它们的"手下败将"。当这样一头巨兽裹挟着沙石向你飞速奔来时，你唯一要做的就是赶紧逃命吧。

"神牛"的传说、完美的"高原体质"，还有坚韧不拔的意志，造就了这样的神奇动物。它们也成为名副其实的"羌塘图腾"。

西藏第一神山，为什么是冈仁波齐峰？

在西藏，神山众多。其中地位最崇高、影响最广泛的，当数冈仁波齐峰，它堪称"西藏第一神山"。冈仁波齐峰就像是一座披着雪白盔甲的金字塔，如王者般耸立在高原上。南侧山体上，一道道水平的岩层构成了一条似乎可以直通天庭的阶梯，还有一条由于风化与冰雪侵蚀而产生的纵向深槽，在白雪的映衬下，它们如同一个巨大的十字。

为什么冈仁波齐峰能坐上西藏第一神山的宝座呢？难道是因为它独特的山形？这个理由似乎让人难以信服。论位置，冈仁波齐峰隐匿在西藏的西南角，它所在的阿里地区气候高寒、荒无人烟。论高度，冈仁波齐峰海拔 6656 米，这个高度在极高山林立的西藏，确实不算出色，在它南边相隔几十千米的喜马拉雅山脉，连绵的群峰个个巍峨高大，绝不比冈仁波齐峰逊色。

真正让冈仁波齐峰夺得"西藏第一神山"桂冠的，是这里特殊的地理格局和一次次影响深远的事件。

文明与宗教的精神之源

冈仁波齐峰是众多河流的源头所在。在冈仁波齐峰东南西北四个方向，发育出了四条大河。人们用马、狮、象、孔雀四种天国神物来命名这四条源于神山的河流。

冈仁波齐峰以东的马泉河，是西藏的母亲河雅鲁藏布江的上游。而冈仁波齐峰以北的狮泉河，则是印度河的源头。冈仁波齐峰以南是孔雀河，是印度教的圣河恒河上游源头之一。古代印度人认为，印度教法力最广大的湿婆神就曾经住在孔雀河的发源地冈仁波齐峰，因而冈仁波齐峰为世界的中心。冈仁波齐峰以西则是象泉河，是阿里地区重要的母亲河，象雄文明便是象泉河孕育出的文化明珠。从象雄时代就已经出现、对整个西藏产生深远影响的苯教，也被认为发源于此。

▼ 冈仁波齐峰／摄影 许先强
冈仁波齐峰山形独特，如同一座金字塔端坐在高原上，中间一条深深的纵向沟槽贯穿山体。

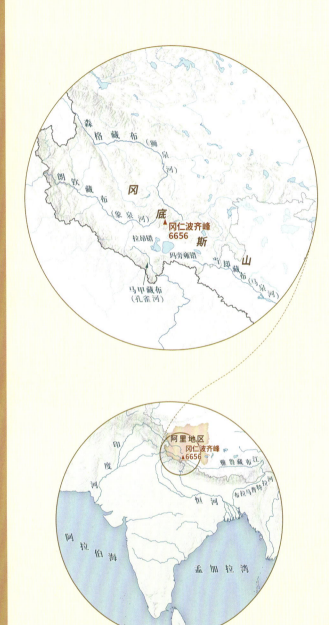

▲ 以冈仁波齐峰为中心的水系图

除了印度教、苯教，冈仁波齐峰在藏传佛教、耆（qí）那教中，也占据着十分重要的地位。藏传佛教认为，藏传佛教各教派信奉的胜乐金刚的居所就在冈仁波齐峰。耆那教也认为，冈仁波齐峰是创始人大雄悟道的地方。多种宗教都将冈仁波齐峰看作自己的圣地，冈仁波齐峰也就成为西藏及整个南亚文明与宗教的精神之源。

佛教的重兴之地

对藏传佛教而言，冈仁波齐峰不只是胜乐金刚的居所，更是藏传佛教的重兴之地。

公元 9 世纪中叶的吐蕃王朝，一场残酷的宗教之争席卷而来。吐蕃末代赞普（即吐蕃首领）朗达玛下令禁止佛教，实施大规模的灭佛行动，并推行西藏本地的宗教"苯教"。然而那些虔诚的佛教徒并不就此顺从，他们刺杀了赞普。这个西藏历史上最强大的王国——吐蕃王国，也陷入了分崩离析。

此时，天下大乱，人心惶惶。佛教徒们为躲避杀身之祸，只能选择逃离，偏远的冈仁波齐峰成了他们的避难所。一支信仰佛教的吐蕃王室后裔，带着 1000 多位骑士来到冈仁波齐峰的脚下，建立了西藏历史上著名的古格王国。他们大力复兴佛教，来自西藏、印度各地的僧人也纷纷前来传经布道。原来几近熄灭的佛教之火又在冈仁波齐峰周边被重新点燃。

▶ 人们在朝拜冈仁波齐峰／摄影 孙岩

最后的决战

发源于冈仁波齐峰四个方向的马泉河、狮泉河、象泉河、孔雀河孕育出不同的文明和宗教。这似乎在冥冥中向世人昭示，冈仁波齐峰就是万水之源、世界中心，谁能拥有冈仁波齐峰，谁就可以获得更多话语权。为争夺冈仁波齐峰，残酷的宗教冲突多次发生，其中的一场冲突就演变成了传说中的斗法。

相传藏传佛教的上师米拉日巴来到冈仁波齐峰修行，未料却受到苯教大师那若本琼阻止。那若本琼认为冈仁波齐峰是苯教神山，所有佛教徒都不能在这里修炼。于是二人约定用斗法来争夺"地盘"，最先登上冈仁波齐峰顶的人为胜。斗法开始时，苯教大师早早就向顶峰出发，势必夺下这块宝地。而另外一边，藏传佛教的上师却不慌不忙，沉睡正酣。当苯教大师快到峰顶，自以为胜券在握时，却发现藏传佛教的上师早已端坐在峰顶之上，惊得苯教大师直接从山上滑落，并在冈仁波齐峰南坡留下了那一道明显的深槽。

藏传佛教在这场斗法当中夺得了胜利，从此佛教重新在青藏高原拥有了话语权。冈仁波齐峰脚下的玛旁雍错也因此得名，其藏语的意思为"永恒不败的碧玉湖泊"。冈仁波齐峰从此成为藏传佛教重要的朝圣之地，大量的高僧开始来到这里修行。藏传佛教也在西藏得到了全面的复兴，并向尼泊尔、不丹、蒙古高原、甘肃、云南等地传播，佛教之光再一次被点燃。西藏再也没有哪座神山能和它相提并论，冈仁波齐峰当之无愧地成了"西藏第一神山"。

今天，原本水火不容的不同宗教，都可以在冈仁波齐峰和睦相处，不论国籍、文化、种族、教派，都可以在这里向神灵致敬。冈仁波齐峰也成了一处世界上罕见的，能够跨越宗教、文化、种族差异的神山。

第2幕 涌动的『水水水水水』

如果说青藏高原是一个"超级水塔"，那么阿里则是这个"超级水塔"的重要组成部分。虽然阿里十分干旱，但这里的"水"并不算少。由于海拔高、气温低，阿里地区的降水大多以雪的形式降落。高山积雪往往终年不化，长期积累并压实转化为冰川。冰川在温暖季节会部分融化，与降水、地下水等一起，为阿里提供源源不断的水源。塑造阿里的第二个重要元素——水顺势登场了。

在广阔的羌塘高原上，由于地形阻隔且径流量小，大部分河流无法直接奔流入海，而是就地汇聚成湖泊，成为内流水系。这里是中国湖泊分布最密集的区域之一，星罗棋布的湖泊总面积约 8000 平方千米，大大超过上海市的面积。它们形态各异，或狭长，或曲折，或近圆，或棱角突兀，变化万千。

▶ 鬼湖拉昂错／摄影 王剑峰
拉昂错湖面烟雾缭绕，偌大的湖区周围难见一人一畜。

▼ 圣湖玛旁雍错与神山冈仁波齐／摄影 王剑峰
平静如镜的玛旁雍错与冈仁波齐相互守望，这里水草丰茂，不时有群鸟前来嬉戏、觅食。

在冈底斯山脉与喜马拉雅山脉之间，原本有一个大型湖泊，后来气候变迁，湖泊来水减少，大湖分裂为两个相对较小的湖泊，这就是玛旁雍错和它的姊妹湖拉昂错。

玛旁雍错是西藏的三大圣湖之一。玛旁雍错的湖水主要来自冈底斯山脉融化的冰雪。它清澈宁静，透明度极高，可达 14 米，是中国透明度最高的湖泊之一。它的周围植被茂盛，是一处天然的优质牧场，呈现出一派欣欣向荣的景象。

相比之下，紧邻的拉昂错条件就没有那么好了，甚至被人称作"鬼湖"。原来，一旁的玛旁雍错淡水补给较多，水位较高，丰水期湖水有时会排到拉昂错，盐分积累较慢。而拉昂错淡水补给较少，水位低，包括玛旁雍错在内的整个流域的水流最终都汇集于此，水中所含盐分最终也在此积累。因此现在拉昂错的含盐量是玛旁雍错的三倍左右，湖水苦涩难咽。湖边只有星星点点的植被，牛羊也寥寥无几，显得死气沉沉、毫无生机，"鬼湖"之称恰如其名。

高原之上的内流水系造就了遍地的湖泊，而阿里地区为数不多的外流水系则充满力量。它们从高山之上奔流而下，不仅孕育出阿里地区神秘的高原文明，还滋养了印度、巴基斯坦等古老而璀璨的南亚文明。

这些从"世界屋脊的屋脊"奔腾而下，冲向大海的河流，沿途撕开地表，深切出河谷。相比辽阔的羌塘高原，河谷地带海拔较低，更适合人类的生存。先民的脚步即将登临，不过在此之前，阿里的第三个重要元素登场。

▲ 阿里地区水系图

▲ 狮泉河／摄影 高承

▼ 象泉河／摄影 向文军

阿里

蓄积的『土土土』

第3幕

看过雄壮的"山山山山"，走过清冽的"水水水水"，接下来便是这两个元素的组合：流水冲刷山石，带走的泥沙在低洼的河谷和湖底大量堆积，成为塑造阿里的第三个元素——"土"。而厚重的"土土土土"，便蓄积在阿里地区西南部的札达盆地之中。

札达盆地之所以能成为"土"的世界，与这里经历的沧海桑田般的大地变迁有着密切的关系。在 920 万年前，札达盆地内部发育着众多河流，它们裹挟大量泥沙，在盆地内部开始沉积。大约 500 万年前，札达盆地的海拔还没有现在这么高，气候相对温暖湿润，生长着一片由沙棘、绣线菊等组成的落叶灌丛。冈底斯山脉与喜马拉雅山脉之间的象泉河流域，在那时还是一片碧波荡漾的大湖。湖泊及周边河流带来的泥沙在盆地内大量沉积，形成了厚达 800 米的沉积层。

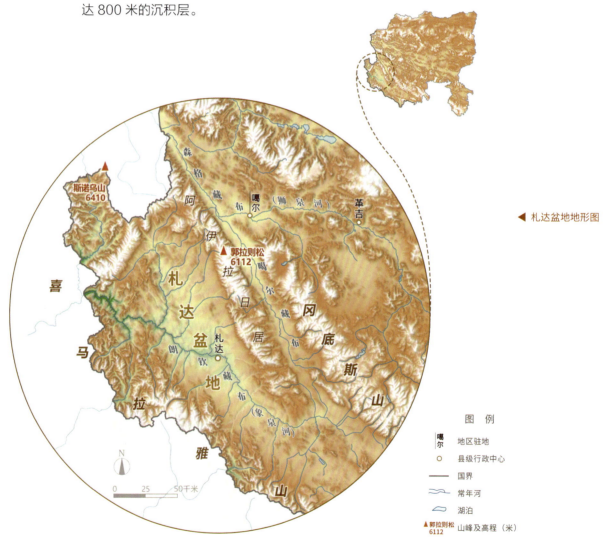

◄ 札达盆地地形图

图　例

喝尔　地区驻地
○　县级行政中心
——　国界
～　常年河
　　湖泊
▲ 郭拉则松
　6112　山峰及高程（米）

　　而后，随着印度洋板块不断向北俯冲，加快了包括札达盆地在内的青藏高原的抬升，盆地内的湖水逐渐变浅。在此期间，喜马拉雅山脉与冈底斯山脉不断隆升，海拔不断增高，两条山脉就像两堵密不透风的巨墙，阻挡了来自印度洋的水汽，札达盆地一带的气候变得干旱少雨，巨大的湖泊逐渐干涸。

　　在此过程中，沉积在湖底的深厚泥土渐渐露出水面，接下来就是流水这个大自然雕刻师发挥"才能"的时刻。象泉河的河水以及当地短促的夏季降雨，不断冲刷这里厚厚的沉积层，原本平坦的地面被肆意切割，大地变得千沟万壑，并在地表形成了一种极为特殊的地貌——土林。

土林的形态千变万化，有的如一根根擎天大柱般笔直挺立，有的像一面面敦实大墙般巍然矗立，有的则像一层层宝塔般逐级抬升。无数的土柱、土墙、土堡聚集在一起，形成了一个超级土林群——札达土林。札达土林规模宏大，从西北到东南绵延175千米，最大宽度达45千米，面积约2400平方千米。穿行其间，仿佛行走在一片大地迷宫中，让人不禁感叹大自然的鬼斧神工。

数量众多的极高山孕育了发达的水系，奔流而下的水系切割出深深的河谷，沉积了厚厚的"土层"，水与土又共同创造了气势恢宏的土林。集齐了山、水和土三大元素的阿里，将迎来最后一种元素，那就是人类先民创造的文明。

▼ 札达土林／摄影 陈方翔

远去的『荒野文明』

距今 1 万多年前，阿里就已经有了古代先民的足迹，他们在这里打磨石器，创造了青藏高原上较早的石器文明。又经过了漫长的发展，生活在阿里地区的人们产生了部落、王国。

象雄王国

大约在公元前 4 世纪，中原大地处在战国时期的时候，阿里地区也发展出了强大的政治势力，强盛之时势力范围涵盖了今天西藏的大部分区域，这个政权被称作"象雄王国"。象雄人以条件优越的象泉河谷为中心，在河谷地带开垦农田，同时在相对开阔的高原上游牧、狩猎。

他们拥有丰富的物质和精神生活，出土于当地古墓的黄金面具以及来自中原的丝织品都向我们透露出象雄王国的富足。其中，一块带有"王侯"汉字和鸟兽图案的丝绸，是青藏高原迄今为止发现的最早的丝绸制品。

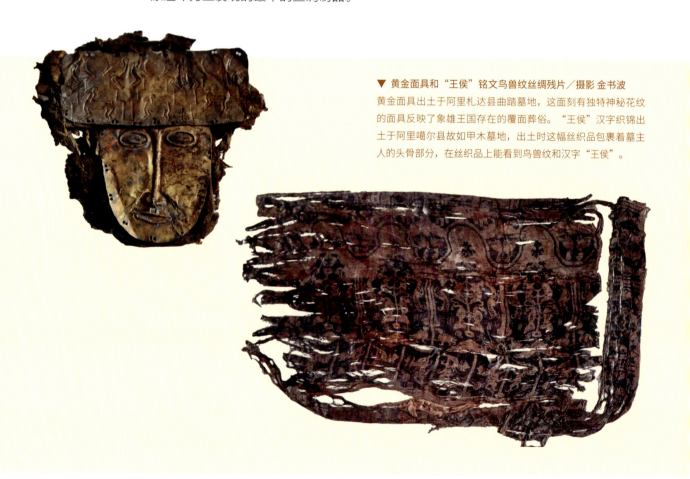

▼ 黄金面具和"王侯"铭文鸟兽纹丝绸残片／摄影 金书波
黄金面具出土于阿里札达县曲踏墓地，这面刻有独特神秘花纹的面具反映了象雄王国存在的覆面葬俗。"王侯"汉字织锦出土于阿里噶尔县故如甲木墓地，出土时这幅丝织品包裹着墓主人的头骨部分，在丝织品上能看到鸟兽纹和汉字"王侯"。

▲ 琼隆银城遗址／摄影 卡布

　　积累了雄厚财富的象雄王有一个梦想，他希望能在这片高原上建造一座宏伟的都城。按照中原地区的传统，建造一座规模庞大的都城，必定耗费大量木材。但青藏高原上草木稀疏，难以满足建城的木材需求。这时候，质地紧密的土林进入了象雄人的视野。

　　象雄人崇拜大鹏金翅鸟，于是象雄王在土林之上，将整座都城设计成大鹏鸟的形状，这就是"琼隆银城"，在藏语中即"大鹏鸟所在的银色城堡"之意。都城中间突出的山体为大鹏鸟的身躯，两边的山体则是其张开的两翼。他们因地制宜地在土林上挖掘出了各式各样的窑洞。这些窑洞"户型"多样，有的一个窑洞就是一个单独的房间，也有复杂的洞套洞，形成"一室一厅""两室一厅""三室一厅"等不同的户型。除了一般的住所之外，宫殿、庙宇等其他功能的建筑也纷纷"掘土而出"。

　　就在象雄王国蒸蒸日上之时，另一个起源于青藏高原的文明——吐蕃也在逐渐壮大自己的实力。到了公元 7 世纪，象雄逐渐走向衰落。公元 642 年，吐蕃王朝第 32 代赞普——松赞干布率领大军讨伐象雄，经过 3 年的征战，象雄被攻灭，一个在阿里地区延续了约千年的政权就此终结。

象雄王国的精神世界

青藏高原环境恶劣、物产匮乏，对生活在这里的先民来说，或许唯有强大的精神信仰，才能支撑起生存的信念。因而在西藏文明孕育之初，高原先民敬畏自然，相信万物有灵。无论是天空中的太阳、月亮，还是大地上的高山、湖泊、河流，甚至牦牛、马、羊、树木等动植物，都被当作神灵崇拜。这些各种各样的原始信仰，在西藏历史中被统称为"苯"。由此产生的原始宗教便为原始苯教。

为抚慰喜怒无常的神灵，祈求安宁，人们或围绕各自崇敬的事物转圈，或堆起石堆，或焚烧松柏，又或不惜牺牲牲畜进行祭祀。除此之外，人们还将这种自然崇拜刻绘成岩画，岩画中出现的图案以牦牛、琼鸟和雍仲符号"卍""卐"最为常见。

相传象雄王子辛饶米沃对原始苯教进行了改革，摒弃了对社会有害的杀生、血祭等内容。用糌粑代替了牺牲品，用酒精、水等代替了血祭，而转山、转湖等内容则被延续下来并流传至今。同时，他还增加了新的教义，创立了雍仲苯教。雍仲苯教凭借更加友善的祭祀仪式和相对先进的理论，迅速在高原上传播开来，成为佛教传入前西藏最为主要的宗教。

后来，随着佛教的传入和发展，藏传佛教取而代之成了西藏地区传播最为广泛的宗教信仰。但苯教的影响仍然存在。藏传佛教除了保留和发扬佛教的经典教义以外，也大量吸收了苯教的神祇和宗教仪轨，如以鼓为法器、卜算凶吉、超度亡灵等。而如今遍布西藏的玛尼石、玛尼堆，也是由苯教信徒为求福报，在石头上刻写图案、文字发展而来的。

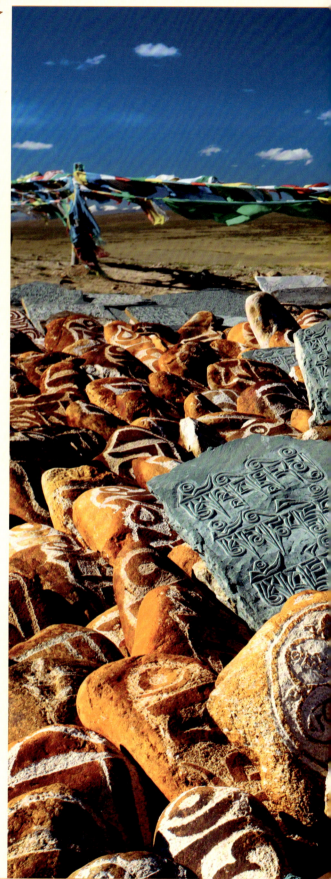

▶ 西藏的玛尼石、玛尼堆／摄影 姜曦

阿 里

高原上的古老艺术：日土岩画

高寒的阿里地区曾是游牧民族生活的家园，先民们在湖泊周围、河谷之间等水草丰茂的地方狩猎、放牧的同时，还在那里的崖壁、岩石上留下一幅幅"艺术作品"。他们手持尖尖的砾石，或划线，或磨面，敲琢出一幅幅岩画。特别是在日土县，人们发现的岩画地点数量，占到整个西藏地区岩画地点数量的四分之一。日土岩画的题材，涵盖了动物、狩猎、畜牧、信仰等多个方面，成为人们了解先民生活的重要依据。

在日土岩画中，牦牛图案占据重要地位，出现在各种场景之中。如在鲁日朗卡、果拉、阿垄沟等地的岩画中，你可以看到人们骑马拉弓、狩猎牦牛的场景；而在塔康巴岩画中，你可以看到人们带领成群的牛羊迁徙的画面。前者中的牦牛更加壮硕，动态感更强，以狩猎对象的角色出现在岩画中；后者中的牦牛图案则更加简洁、平静，与岩画中人的关系更加和谐。一些学者认为，这种形象的变化可能反映了牦牛从野生到驯养的转化。

▲（上左）藏西果拉岩画
参考资料：巴桑次仁、索朗仁青《西藏传统射箭初探》

▲（上右）日土县塔康巴岩画局部／摄影 卡布

▼ 日土县塔康巴岩画
参考资料：李永宪《西藏日土县塔康巴岩画的调查》

由于在地点、时间上与象雄文明存在重合，包括日土岩画在内，分散在阿里地区各地的岩画被认为与象雄文明有着密切的关系。象雄人的苯教信仰，同样出现在了古老的岩画中。如在日土县任姆栋岩画中，有一处画面被认为是先民们祭祀龙神的场景。画面中出现的人物应当是巫师，他们手持长杆，骑着神羊，在这场献祭仪式中作法请神；数量巨大的羊头为献给神明的祭品；陶罐则被用来盛放牲血；鸟首人身和鱼的形象代表的是苯教中的龙神，它亦神亦魔，接受来自人间的祭品。岩画所反映的场景，为我们生动地展示了苯教古老的祭祀仪式。

龙神

巫师

盛放牲血的陶罐

羊头

▶ 日土县任姆栋岩画

参考资料：仵君魁、张建林《西藏日土县古代岩画调查简报》

在整个阿里地区，诸多岩画遗迹为我们展现出一个古老而又神秘的世界。生活在这里的先民们，骑马射箭，打猎放牧，拥有独特的信仰和复杂的祭祀仪式……他们用岩画将当时生活、宗教信仰的场景记录下来，留给后人无尽的谜团和无限的遐想。

神秘的象雄都城在哪里？

公元 7 世纪，强大的吐蕃王朝吞并象雄，这个曾控制青藏高原广大地区的千年政权正式退出历史舞台，人们只能通过仅存的遗迹和文献记载去探寻古老象雄的诸多秘密。这其中，作为象雄都城的琼隆银城，成为考古学家与历史学家好奇的秘密之一。而对琼隆银城的探索，至今仍在继续……

根据敦煌发现的藏文吐蕃史文献，松赞干布曾派遣吐蕃使者芒宗前往象雄，去看望远嫁于此的妹妹萨玛噶公主。萨玛噶在歌中曾写道："我陪嫁之地呀，是琼隆堡寨，他人认为地域宽广，可从外观看是险峻山崖，从里面看是黄金与宝石。""从外看，苍白而崎岖。"

萨玛噶公主口中的"琼隆堡寨"，就被认为是传说中的象雄都城——"琼隆银城"。在藏语中，"琼"意为"大鹏鸟"，"隆"意为"地方"，"琼隆银城"即"大鹏鸟所在的银色城堡"。人们认为，这可能与琼隆银城的地貌、地形有关：阿里地区厚重的沉积地层，在百万年的风雨中被一点点侵蚀，暴露出一段段在阳光下熠熠生辉的银色土层，"银城"可能就建在这样的地方；而"大鹏鸟"，很有可能是人们远眺"琼隆银城"周边地形时产生的联想。

萨玛噶公主口中"从外观看是险峻山崖""苍白"的描述，"琼隆"地名的发音，藏语含义中隐含的地形、地貌特征……这些细微的线索，成为人们探寻琼隆银城的重要依据。再加上历史学家对文献的梳理，以及考古学家的实地考察，古老又神秘的琼隆银城，就这样被锁定在了札达县曲龙村和噶尔县卡尔东这两个地方。

然而，究竟哪个才是真正的琼隆银城，却让学者们陷入争论。

一部分学者认为，位于噶尔县的卡尔东城址才是琼隆银城。在这里，曲那河、曲嘎河、象泉河三河汇流，汇流处又有高山耸峙。古老的城堡遗址，就在高山之侧，居高临下，易守难攻。在卡尔东城址以西，考古工作者发现了四座墓葬，其中出土了黄金面具、带有"王侯"文字的丝织品、大量随葬的动物骨骼等，很有可能是当时象雄贵族的墓地。因此卡尔东城址极有可能是传说中的琼隆银城。

不过，这一说法遭到了另一部分学者的反对。首先，卡尔东城址并不具备"大鹏鸟"的地势形状；其次，地势险要的卡尔东城址，取水、物资运送非常困难，并不适合王室生活，更有可能是一处军事堡垒；最后，"卡尔东"的藏文含义为"城堡前面"，这很有可能说明琼隆银城另有其地。

一些学者认为，在卡尔东城址以西不远处，位于札达县的曲龙村遗址，更有可能是传说中的琼隆银城。首先，"曲龙""琼隆"二者在藏语中发音、含义基本相同。其次，遗址所在的地方，在地势上确实符合"大鹏鸟所在的银色城堡"这一描述：这一城址的核心区居于山脊之上，其北侧为一处断面，那里厚度达 50 米的灰白土层仿佛一道银色的高墙；山脊两侧为两处冲沟，土丘以一道弧形向两侧延伸，将两条冲沟包围起来，远远望去，如同一只振翅的大鸟。

在曲龙村遗址中，学者们同样发现了众多古人生活的痕迹：山脊上，宫殿、寺院以及碉楼的遗迹，仿佛在暗示这里曾经的辉煌；而在地势较低的地方，密集的居住洞窟、院落，以及各种动物圈栏、公共建筑的遗址，也在向人们悄悄诉说着古人的生活。种种迹象提醒着人们，这里更有可能是真正的琼隆银城，是吐蕃公主口中那个"从外观看是险峻山崖，从里面看是黄金与宝石"的地方。

通过文献记载、考古发现，人们似乎离琼隆银城的真面目越来越近。然而，我们对神秘的象雄文明依旧知之甚少，学者们对阿里古代文明的探索仍将继续。

▼ 琼隆银城位置示意图／影像来源 星图地球今日影像

▲ 琼隆银城中的洞穴／摄影 卡布

古格王国

　　但王朝的更迭，并不代表阿里文明的结束。公元9世纪中叶，西藏历史上强大的王朝——吐蕃也面临着巨大的危机。这场危机来自宗教：由印度传入的佛教与本土宗教苯教产生了激烈冲突。吐蕃末代赞普下令禁止佛教，实施大规模灭佛运动，佛教僧侣们只能群起反抗，最终矛盾激化，赞普被刺杀身亡。

　　群龙无首，吐蕃王国分崩离析，从此陷入长达几百年的分裂割据。在纷争之中，吐蕃王子吉德尼玛衮逃至象雄故地，建立了新的政权。他将象雄改为阿里（意思是"领地"），阿里的名字在此时正式出现。吐蕃王室的后裔们就在这块"领地"之上建立起西藏历史上著名的古格王国。

　　阿里地区的象泉河、狮泉河、孔雀河等河谷地带迎来了密集的开发。国王亲自指挥修建水渠，灌溉良田，阿里的农业得到了前所未有的发展。羌塘盐湖里取不尽的食盐，高山中挖不完的黄金，草原上剪不完的羊绒，这些也让古格王国能够通过对外贸易换到大量缺少的物资。

▼ 古格位置示意图（1038—1065年）

图　例

○　　主要城市
┅┅　政权部族界
——　今国界
——　今省级界
----　今地区界
······　今军事分界线

0　　150　　300千米

阿里

高原之上的"食盐之路"

与西藏一山之隔的新疆，有着我们早已熟知的丝绸之路。然而，在这片雪域高原上，也曾有着另一条对外交流的古道——食盐之路。

食盐是人们生活中的必需品。在青藏高原上，人们饮食、喂养牲畜等都需要食盐，但食盐资源的分布极不均衡。阿里地区所处的羌塘高原拥有丰富的盐湖资源，西藏地区93%的盐湖都集中于此。但这里海拔高、水热不足，不适宜农作物的生长，生活在这里的牧民想要获得青稞等粮食，需要与其他地区的人们进行贸易。而与此同时，位于藏东河谷地带的农作物种植区粮食有余而食盐不足。在这样的背景下，两地的居民开始互通有无。生活在羌塘的牧民们，会到盐湖岸边捡拾盐巴装到盐袋里，然后用牦牛、羊等牲畜驮到藏东南交换粮食，逐渐形成了一条以运盐为主的道路，这就是食盐之路。

据史料记载，在隋朝时期，藏盐已作为商品出口到尼泊尔、印度一带。随着吐蕃占领阿里地区，统一了青藏高原的吐蕃王朝开始开辟对外贸易的交通网络。由于盐是当时重要的商品，食盐之路逐渐受到重视，从最开始的"民间通道"升级为"官方商道"。随后，吐蕃王朝瓦解，食盐之路逐渐荒废。但这条古老商道的一部分也被人们沿用下来。一直到20世纪90年

▼ "食盐之路"示意图

湖水蒸发

泥沙和盐类物质

河水注入湖泊

1.河水携带着泥沙或盐类物质注入内流湖。

2.持续干旱的环境下，内陆湖水不断蒸发，盐分积累，湖水越来越"咸"。

▶ 盐湖中的盐形成示意图

代，这条盐路仍维持着西藏牧区与农区的盐粮交换。

　　在这条食盐之路上奔波的，是一个个驮盐队。每年6月，藏西北的牧民们就带着牦牛、羊等牲畜来到盐湖边上采盐，8月带上食盐的驮盐队开始赶往农区换取粮食。到了9月，正值农作物收割季，到达农区的驮盐队用盐与农民们交换农产品，而那些驮盐的牲畜也会一并被出售，随后牧民们再返回藏西北。

　　驮盐队有着严厉的"家规"。临时组成的"驮盐家族"成员只能是男性，他们会在出发前的"碰头会议"上分配每个人的角色："爸爸"是队伍的首领，一般由具有丰富驮盐经验的人担任，带领队伍完成任务；"妈妈"负责生火做饭；"煨桑师"负责祭祀鬼

神。所有成员之间的交流必须使用"盐语"，这是因为离开家乡的他们就等于离开了自家神灵的保护范围，在外必须要严以律己，避免惹怒他乡的神灵。

　　驮盐是一个极为艰苦的过程。首先，取盐便是一件难事。并不是从所有盐湖都能直接采到盐巴，有的需要人们在盐水中将盐一点点捞起。其次，驮盐的路途中刺骨的寒风或是冰冷的大雪不可避免，这也是驮盐队员需要面对的巨大难关。

　　20世纪90年代以来，随着交通的改善、国家政策的扶持等，西藏地区的物质生活水平迅速提高，牧民们不再需要以盐换粮食维生，因此这种特有的驮盐习俗随之一点点消失……

1.扒盐
4.牦牛驮运
2.堆盐
3.装袋打包

氯化物
硫酸盐　碳酸盐
碳酸盐
氯化物
硫酸盐

湖水蒸发时盐类析出顺序

氯化物
石盐（NaCl）

0　水分蒸发比例(%)　68　88　97.5　100

碳酸盐
方解石（CaCO₃）

硫酸盐
石膏（CaSO₄·2H₂O）

逐渐干涸，水面萎缩，当湖中
达到饱和时会产生沉淀，不同
盐类物质先后沉积在湖底。

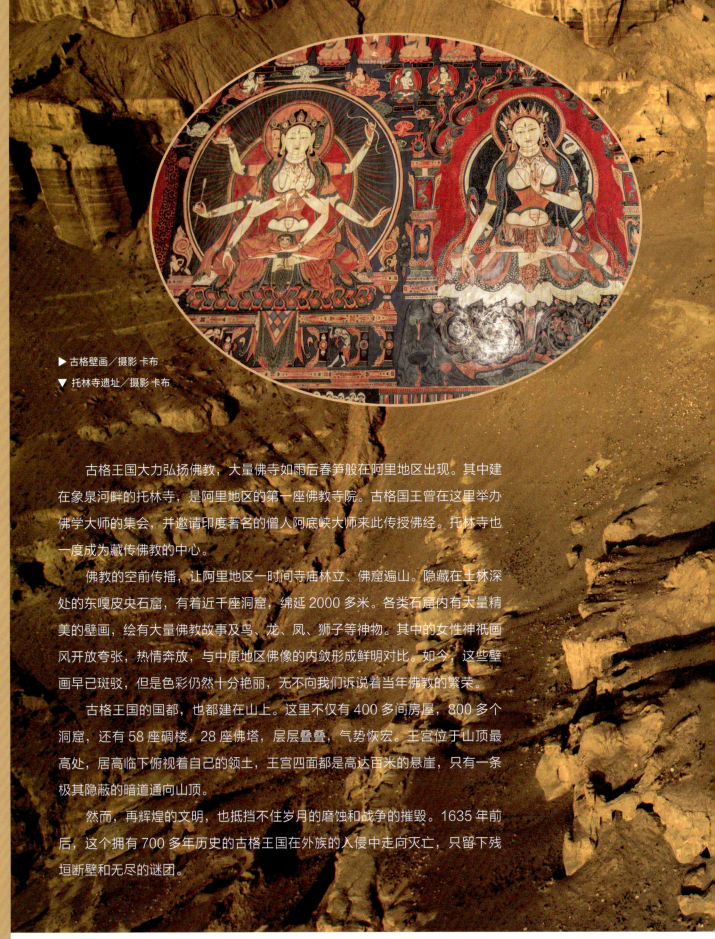

▶ 古格壁画／摄影 卡布

▼ 托林寺遗址／摄影 卡布

古格王国大力弘扬佛教，大量佛寺如雨后春笋般在阿里地区出现。其中建在象泉河畔的托林寺，是阿里地区的第一座佛教寺院。古格国王曾在这里举办佛学大师的集会，并邀请印度著名的僧人阿底峡大师来此传授佛经。托林寺也一度成为藏传佛教的中心。

佛教的空前传播，让阿里地区一时间寺庙林立、佛窟遍山。隐藏在土林深处的东嘎皮央石窟，有着近千座洞窟，绵延 2000 多米。各类石窟内有大量精美的壁画，绘有大量佛教故事及鸟、龙、凤、狮子等神物。其中的女性神祇画风开放夸张，热情奔放，与中原地区佛像的内敛形成鲜明对比。如今，这些壁画早已斑驳，但是色彩仍然十分艳丽，无不向我们诉说着当年佛教的繁荣。

古格王国的国都，也都建在山上。这里不仅有 400 多间房屋，800 多个洞窟，还有 58 座碉楼，28 座佛塔，层层叠叠，气势恢宏。王宫位于山顶最高处，居高临下俯视着自己的领土，王宫四面都是高达百米的悬崖，只有一条极其隐蔽的暗道通向山顶。

然而，再辉煌的文明，也抵挡不住岁月的磨蚀和战争的摧毁。1635 年前后，这个拥有 700 多年历史的古格王国在外族的入侵中走向灭亡，只留下残垣断壁和无尽的谜团。

山、水、土、文明，这四大元素创造了阿里。如今，古老的王国已经消逝，但这四大元素仍旧在塑造着阿里。这里是高原上的荒野，有着最高耸的山脉、最独特的动植物，以及新一代高原居民。他们善待自然，敬畏神灵，延续着阿里文明的火种。

这就是阿里，荒野与文明在此共存。

◀ 古格王城遗址／摄影 李贵云
古格王城是古格王国的中心，17 世纪中叶这里被拉达克入侵者毁坏。

参考文献

1 甘肃：多元而美丽

[1]《张掖市志》编修委员会. 张掖市志 [M]. 兰州：甘肃人民出版社，1995.

[2]《中国植被》编辑委员会. 中国植被 [M]. 北京：科学出版社，1980.

[3] 班固. 汉书 [M]. 北京：中华书局，1962.

[4] 陈英，高宏. 甘肃历史文化 [M]. 兰州：甘肃文化出版社，2011.

[5] 杜秀荣，唐建军. 中国地图集 [M]. 北京：中国地图出版社，2011.

[6] 段文杰. 敦煌石窟艺术研究 [M]. 兰州：甘肃人民出版社，2007.

[7] 敦煌研究院. 敦煌石窟全集 [M]. 香港：商务印书馆（香港）有限公司，2005.

[8] 敦煌研究院. 敦煌石窟艺术全集·佛教东传故事画卷 [M]. 上海：同济大学出版社，2016.

[9] 敦煌研究院. 中国石窟：安西榆林窟 [M]. 北京：文物出版社，1997.

[10] 樊锦诗，赵声良. 灿烂佛宫：敦煌莫高窟考古大发现 [M]. 杭州：浙江文艺出版社，2004.

[11] 甘肃省地方史志编纂委员会. 甘肃省志·概述（1986—2007）[M]. 兰州：甘肃文化出版社，2018.

[12] 甘肃省地方史志编纂委员会. 甘肃省志·自然地理志（事物发端—2010）[M]. 兰州：甘肃文化出版社，2018.

[13] 郝树声. 汉简中的大宛和康居——丝绸之路与中西交往研究的新资料 [J]. 中原文化研究，2015，3(2):59-69.

[14] 拉巴平措，陈庆英. 西藏通史 [M]. 北京：中国藏学出版社，2016.

[15] 李并成. 河西走廊历史地理 [M]. 兰州：甘肃人民出版社，1995.

[16] 李乾朗. 穿墙透壁：剖视中国经典古建筑 [M]. 桂林：广西师范大学出版社，2009.

[17] 李正宇. "敦薨之山"、"敦薨之水"地望考——兼论"敦薨"即"敦煌"[J]. 敦煌研究，2011(3):78-82.

[18] 凌雪，井明，李乃胜，等. 甘肃礼县盐官镇井盐制盐工艺的科技初探 [J]. 盐业史研究，2012(2):48-51.

[19] 刘超. 景观地貌学 [M]. 武汉：中国地质大学出版社，2016.

[20] 刘建丽. 甘肃通史·宋夏金元卷 [M]. 兰州：甘肃人民出版社，2009.

[21] 刘进宝. 敦煌学通论 [M]. 兰州：甘肃教育出版社，2002.

[22] 刘永华. 中国历代服饰集萃 [M]. 北京：清华大学出版社，2013.

[23] 罗华庆. 解读敦煌：发现藏经洞 [M]. 上海：华东师范大学出版社，2010.

[24] 马锦，李发源，庞国伟，等. 古陆上丝绸之路复原及沿线基本地理特征分析 [J]. 地理与地理信息科学，2017，33(4):123-128.

[25] 米小强. 黄金之丘墓出土物与丝绸之路文化交流 [D]. 兰州：兰州大学，2021.

[26] 单月英. 匈奴墓葬研究 [J]. 考古学报，2009(1):35-68.

[27] 施俊杰. 黄金之丘出土物所见东西方文化交流 [D]. 兰州：西北民族大学，2018.

[28] 石璋如. 莫高窟形 [M]. 台北："中央研究院"历史语言研究所，1996.

[29] 师宗正，秦斌峰. 中国地理文化丛书——河西走廊甘肃（一）[M]. 北京：中国旅游出版社，2015.

[30] 司马迁. 史记 [M]. 长沙：岳麓书社，2001.

[31] 孙机. 汉代物质文化资料图说 [M]. 上海：上海古籍出版社，2011.

[32] 孙危. 大宛考古学文化初探 [J]. 考古与文物，2004(4):48-55，59.

[33] 孙修身. 敦煌石窟全集：佛教东传故事画卷 [M]. 香港：商务印书馆（香港）有限公司，1999.

[34] 谭其骧 . 中国历史地图集 [M]. 北京 : 中国地图出版社，1996.

[35] 王劲 . 甘肃通史 · 当代卷 [M]. 兰州 : 甘肃人民出版社，2012.

[36] 王静爱，左伟 . 中国地理图集 [M]. 北京 : 中国地图出版社，2010.

[37] 汪受宽 . 甘肃通史 · 秦汉卷 [M]. 兰州 : 甘肃人民出版社，2009.

[38] 魏明孔 . 甘肃 · 河西走廊风物志 [M]. 昆明 : 云南人民出版社，2001.

[39] 武沐 . 甘肃通史 · 明清卷 [M]. 兰州 : 甘肃人民出版社，2009.

[40] 杨高峰 . 迭部史话 [M]. 兰州 : 甘肃文化出版社，2010.

[41] 尹伟先，杨富学，魏明孔 . 甘肃通史 · 隋唐五代卷 [M]. 兰州 : 甘肃人民出版社，2009.

[42] 尤联元，杨景春 . 中国地貌 [M]. 北京 : 科学出版社，2013.

[43] 张力仁 . 地名与河西的民族分布 [J]. 中国历史地理论丛，1998(1):207-214.

[44] 张荣祖 . 中国动物地理 [M]. 北京 : 科学出版社，2011.

[45] 张新时 . 中国植被及其地理格局：中华人民共和国植被图 (1 ： 100 万) 说明书 [M]. 北京 : 地质出版社，2007.

[46] 张芝联，刘学荣 . 世界历史地图集 [M]. 北京 : 中国地图出版社，2002.

[47] 赵向群 . 甘肃通史 · 魏晋南北朝卷 [M]. 兰州 : 甘肃人民出版社，2012.

[48] 郑度 . 中国自然地理总论 [M]. 北京 : 科学出版社，2015.

[49] 郑彭年 . 丝绸之路全史 [M]. 天津 : 天津人民出版社，2016.

[50] 中国科学院地理科学与资源研究所，甘肃省甘南藏族自治州旅游局 . 甘南藏族自治州生态旅游发展规划（2013—2025）[M].
北京 : 中国社会出版社，2014.

[51] 周振鹤 . 西汉政区地理 [M]. 北京 : 商务印书馆，2017.

[52] 祝中熹 . 甘肃通史 · 先秦卷 [M]. 兰州 : 甘肃人民出版社，2009.

2 罗布泊：消逝的大湖与文明

[1] 阿尔伯特 • 赫尔曼 . 楼兰 [M]. 姚可崑，高中甫，译 . 乌鲁木齐 : 新疆人民出版社，2013.

[2] 班固 . 汉书 [M]. 北京 : 中华书局，1962.

[3] 陈子才 . 与彭加木科考罗布泊 [J]. 科学新闻，2010(11):56-57.

[4] 程芸，袁磊，沙拉，等 . 罗布泊野骆驼自然保护区野骆驼种群数量研究 [J]. 新疆环境保护，2018，40(2):14-20.

[5] 董李 . 罗布泊雅丹地貌沉积物特征及成因分析 [D]. 乌鲁木齐 : 新疆师范大学，2013.

[6] 杜秀荣，唐建军 . 中国地图集 [M]. 北京 : 中国地图出版社，2011.

[7] 樊自立，艾里西尔 • 库尔班，徐海量，等 . 塔里木河的变迁与罗布泊的演化 [J]. 第四纪研究，2009，29(2):232-240.

[8] 郭利民 . 中国古代史地图集 [M]. 北京 : 星球地图出版社，2017.

[9] 侯灿 . 楼兰古城址调查与试掘简报 [J]. 文物，1988(7):1-22，98.

[10] 侯杨方 . 丝绸之路地理信息系统 [Z/OL].[2021-09-10].http://silkroad.fudan.edu.cn/.

[11] 黄盛璋 . 初论楼兰国始都楼兰城与 LE 城问题 [J]. 文物，1996(8):62-72.

[12] 李保国，马黎春，蒋平安，等.罗布泊"大耳朵"干盐湖区地形特征与干涸时间讨论 [J]. 科学通报，2008，53(3):327-334.

[13] 李春香.小河墓地古代生物遗骸的分子遗传学研究 [D]. 长春：吉林大学，2010.

[14] 李晓英，许丽.楼兰城的兴衰与塔里木盆地环境演变之间的关系 [J]. 干旱区资源与环境，2008(8):124-128.

[15] 林剑鸣，吴永琪.秦汉文化史大辞典 [M]. 上海：汉语大词典出版社，2002.

[16] 林梅村.吐火罗人的起源与迁徙 [J]. 西域研究，2003(3):9-23.

[17] 林梅村.寻找楼兰王国 [M]. 北京：北京大学出版社，2009.

[18] 陆东林，徐敏，李景芳，等.野骆驼的生物学特性及其在家骆驼改良中的意义 [J]. 新疆畜牧业，2018，33(10):12-19，11.

[19] 吕凤琳.罗布泊地区晚新生代以来沉积环境演化及盐类资源效应 [D]. 北京：中国地质大学（北京），2018.

[20] 吕凤琳.罗布泊早更新世以来沉积环境演变及其地质意义 [D]. 北京：中国地质大学（北京），2014.

[21] 吕厚远，夏训诚，刘嘉麒，等.罗布泊新发现古城与 5 个考古遗址的年代学初步研究 [J]. 科学通报，2010(3)，237-245.

[22] 马锦，李发源，庞国伟，等.古陆上丝绸之路复原及沿线基本地理特征分析 [J]. 地理与地理信息科学，2017，33(4):123-128.

[23] 聂文婷.中国第一颗原子弹研制历程与重大意义研究综述 [J]. 西北工业大学学报：社会科学版，2012，32(1):38-44.

[24] 萨根古丽，沙拉，袁磊.罗布泊野骆驼国家级自然保护区野骆驼的栖息环境及适应特征 [J]. 新疆环境保护，2010，32(2):30-33.

[25] 宋晓梅.历史时期罗布泊地区环境演变过程 [J]. 干旱区地理，2009，32(1):107-111.

[26] 王炳华.悬念楼兰——精绝 [M]. 杭州：浙江文艺出版社，2012.

[27] 王富葆，马春梅，夏训诚，等.罗布泊地区自然环境演变及其对全球变化的响应 [J]. 第四纪研究，2008，28(1):150-153.

[28] 王弭力，浦庆余，刘成林，等.新疆罗布泊第四纪气候与环境 [C]. 第 31 届国际地质大会中国代表团学术论文集.北京：地质出版社，2001:115-119.

[29] 王欣.吐火罗史研究 [M]. 北京：商务印书馆，2017.

[30] 吴敬禄，马龙.新疆干旱区湖泊演化及其气候水文特征 [J]. 海洋地质与第四纪地质，2011，31(2):135-143.

[31] 奚国金.罗布泊之谜 [M]. 北京：中共中央党校出版社，1999.

[32] 夏训诚.与彭加木同行 走人生探索之路 [J]. 科学新闻，2000(23):9.

[33] 夏训诚.中国罗布泊 [M]. 北京：科学出版社，2007.

[34] 萧绰.西域简史 [M]. 海口：南海出版公司，2017.

[35] 闫顺，穆桂金，许英勤，等.新疆罗布泊地区第四纪环境演变 [J]. 地理学报，1998(4):332-340.

[36] 杨新才.新疆之谜 [M]. 乌鲁木齐：新疆美术摄影出版社，2004.

[37] 伊弟利斯·阿不都热苏勒，李文瑛.寻找消失的文明 小河考古大发现 [J]. 大众考古，2014(4):24-32.

[38] 伊弟利斯·阿不都热苏勒，李文瑛，胡兴军.新疆罗布泊小河墓地 2003 年发掘简报 [J]. 文物，2007(10):4-42.

[39] 伊弟利斯·阿不都热苏勒，刘国瑞，李文瑛.2002 年小河墓地考古调查与发掘报告 [J]. 边疆考古研究，2004(1):338-398，401.

[40] 伊弟利斯，刘国瑞，伊力，等.罗布泊地区小河流域的考古调查 [J]. 边疆考古研究，2008(1):371-407，448.

[41] 袁国映，袁磊.罗布泊历史环境变化探讨 [J]. 地理学报，1998(S1):83-89.

[42] 袁磊.新疆罗布泊野骆驼种群分布时空变化与保护策略研究 [D]. 兰州：兰州大学，2015.

[43] 张静.核武器与新中国 60 年发展历程 [J]. 当代中国史研究，2009，16(5):216-224，256.

[44] 张开善.究竟谁是中国原子弹之父 [J]. 当代中国史研究，2007(2):118.

[45] 张瑜，马黎春，王凯 . 罗布泊干盐湖第四纪环境演变研究进展 [J]. 地球科学进展，2022，37(2):149-164.

[46] 中华人民共和国民政部 . 中华著名烈士（第二十九卷）[M]. 北京：中央文献出版社，2003.

[47] 周龙勤，田卫疆 . 丝绸之路西域古今 [M]. 乌鲁木齐：新疆美术摄影出版社，2015.

[48] 朱江 . 岩石与地貌 [M]. 重庆：重庆大学出版社，2014.

[49] 朱新萍 .22.70ka BP 以来罗布泊"大耳朵"区域湖泊沉积特征及其环境指示意义 [D]. 乌鲁木齐：新疆农业大学，2015.

3 伊犁：遥远西域的壮志雄心

[1]《中国植被》编辑委员会 . 中国植被 [M]. 北京：科学出版社，1980.

[2]CORNILLE A，GIRAUD T，SMULDERS M J M，et al.The domestication and evolutionary ecology of apples[J].Trends in Genetics，2014，30(2):57-65.

[3]NASA. Ice Melts on Lake Balkhash，Kazakhstan [CM/OL]. [2022-06-10]. https://earthobservatory.nasa.gov/images/3416/ice-melts-on-lake-balkhash-kazakhstan.

[4] 戴春阳 . 乌孙故地及相关问题考略 [J]. 敦煌研究，2009(1):38-46，124.

[5] 党志豪，吴勇，夏永诚，等 . 新疆伊犁霍城县惠远古城考古调查报告 [J]. 西部考古，2013(1):39-52.

[6] 杜秀荣，唐建军 . 中国地图集 [M]. 北京：中国地图出版社，2011.

[7] 盖山林 . 丝绸之路草原文化研究 [M]. 乌鲁木齐：新疆人民出版社，2010.

[8] 甘肃农业大学 . 养马学 [M]. 北京：农业出版社，1990.

[9] 国家发展改革委 . 国家公路网规划 (2013 年—2030 年)[Z/OL]. (2013-05-24)[2021-06-10]. https://zfxxgk.ndrc.gov.cn/web/iteminfo.jsp?id=285.

[10] 国家发展改革委，国家能源局 . 中长期油气管网规划 [Z/OL].(2017-05-19)[2021-06-10].https://www.ndrc.gov.cn/xxgk/zcfb/ghwb/201707/W020190905497932558033.pdf.

[11] 国家铁路局 . 中长期铁路网规划 (2008 年调整)[Z/OL].(2013-12-19)[2021-06-10]. https://www.ndrc.gov.cn/fggz/zcssfz/zcgh/200906/W020190910670447076716.pdf.

[12] 贺灵 . 丝绸之路伊犁研究 [M]. 乌鲁木齐：新疆人民出版社，2009.

[13] 何明渊 . 绵山羊品种应用 [M]. 兰州：甘肃科学技术出版社，2015.

[14] 胡汝骥 . 中国天山自然地理 [M]. 北京：中国环境科学出版社，2004.

[15] 黄文弼 . 新疆考古的发现——伊犁的调查 [J]. 考古，1960(2):8-14.

[16] 阚越 . 伊犁河谷薰衣草旅游发展现状与对策研究 [J]. 旅游纵览：下半月，2017(6):155-156.

[17] 赖洪波 . 论清代伊犁多民族移民开发及其历史意义 [J]. 伊犁师范学院学报：社会科学版，2010(4):33-42.

[18] 赖洪波 . 伊犁史地文集 [M]. 香港：银河出版社，2005.

[19] 李元斌 . 国家、乡土与族群——清代伊犁维吾尔人的历史人类学解读 (1760—1860)[J]. 新疆大学学报：哲学·人文社会科学版，2014，42(3):61-67.

[20] 林剑鸣，吴永琪 . 秦汉文化史大辞典 [M]. 上海：汉语大词典出版社，2002.

[21] 刘东莱，王铁军 . "紫色经济"浪漫绽放——伊犁河谷薰衣草产业调查 [N]. 新疆日报 .2019-07-08.

[22] 刘露露 . 基于数理统计学的乌孙墓葬研究 [D]. 郑州：郑州大学，2017.

[23] 刘兴诗，林培钧，钟骏平 . 伊犁野果林生境分析和发生探讨 [J]. 干旱区研究，1993(3):28-33.

[24] 刘学堂，关巴 . 新疆伊犁河谷史前考古的重要收获 [J]. 西域研究，2002(4):106-108.

[25] 栾福明，王芳，熊黑钢 . 伊犁河谷文化遗址时空分布及地理背景研究 [J]. 干旱区地理，2017，40(1):211-221.

[26] 马啸 . 国内五十年来左宗棠在西北活动研究述评 [J]. 中国边疆史地研究，2008(2):126-136，150.

[27] 满苏尔·沙比提 . 新疆地理 [M]. 北京：北京师范大学出版社，2012.

[28] 蒲开夫，朱一凡，李行力 . 新疆百科知识辞典 [M]. 西安：陕西人民出版社，2008.

[29] 苏北海 . 新疆岩画 [M]. 乌鲁木齐：新疆美术摄影出版社，1994.

[30] 谭其骧 . 中国历史地图集 [M]. 北京：中国地图出版社，1996.

[31] 佟克力 . 伊犁资料与研究综述 [J]. 伊犁师范学院学报：社会科学版，2005(1):28-32.

[32] 王炳华 . 西域考古历史论集 [M]. 北京：中国人民大学出版社，2008.

[33] 王炳华 . 新疆岩画的发现、分布与工艺、彩绘——新疆岩画概观之一 [J]. 新疆师范大学学报：哲学社会科学版，2004(2):47-53.

[34] 王博，祁小山 . 丝绸之路草原石人研究 [M]. 乌鲁木齐：新疆人民出版社，2010.

[35] 王建中，刘忠华 . 中国野生果树物种资源调查与研究 [M]. 北京：中国环境出版社，2015.

[36] 魏佳 . 新疆阿尔泰山和天山地区岩画调查与研究 [D]. 西安：西北大学，2014.

[37] 文物编辑委员会 . 文物考古工作三十年（1949—1979）[M]. 北京：文物出版社，1979.

[38] 吴孝成 . 外国人眼中百年前的伊犁 [J]. 伊犁师范学院学报：社会科学版，2011(4):37-43.

[39] 吴轶群 . 试论清代伊犁城市体系之产生 [J]. 新疆大学学报：哲学·人文社会科学版，2009(3):62-68.

[40] 新华社 .2021 年霍尔果斯口岸进出口货运量贸易额实现双增 [Z/OL].(2022-02-03)[2022-07-10]. https://baijiahao.baidu.com/s?id=1723710694849901610&wfr=spider&for=pc.

[41] 新疆维吾尔自治区地方志编纂委员会 . 新疆年鉴 2016[J]. 乌鲁木齐：新疆年鉴社，2016.

[42] 新疆维吾尔自治区文物局 . 新疆维吾尔自治区第三次全国文物普查成果集成 伊犁哈萨克自治州（直属县市）卷 [M]. 北京：科学出版社，2011.

[43] 杨波 . 左宗棠军事思想研究 [D]. 长沙：湖南师范大学，2011.

[44] 张义 . 新疆霍尔果斯口岸经济研究 [D]. 北京：中央民族大学，2013.

4 阿里：荒野与文明

[1] 阿里象雄文化研讨会组委会 . 从象雄走来：首届象雄文化研讨会论文集 [C]. 成都：四川大学出版社，2016.

[2] 巴桑次仁，索朗仁青 . 西藏传统射箭初探 [J]. 西藏艺术研究，2008(4):69-78.

[3] 才让太 . 冈底斯神山崇拜及其周边的古代文化 [J]. 中国藏学，1996(1):67-79.

[4] 陈庆英，高淑芬 . 西藏通史 [M]. 郑州：中州古籍出版社，2003.

[5] 陈庆英，张云，熊文彬 . 西藏通史·元代卷 [M]. 北京：中国藏学出版社，2016.

[6] 达瓦次仁，图纳·布莱尔 . 阿里地区历史移民研究 [J]. 西藏研究，2017(1):85-92.

[7] 德吉草，央宗 . 西藏冈底斯神山崇拜的文化内涵 [J]. 民族学刊，2012，3(6):15-21，96-97.

[8] 邓锐龄，冯智，喜饶尼玛，等 . 西藏通史·清代卷 [M]. 北京：中国藏学出版社，2016.

[9] 东•华尔丹.论藏民族的冈底斯神山崇拜 [J].西北第二民族学院学报：哲学社会科学版，2008(6):88-90.

[10] 杜秀荣，唐建军.中国地图集 [M].北京：中国地图出版社，2011.

[11] 冯学红，东•华尔丹.藏族苯教文化中的冈底斯神山解读 [J].中国边疆史地研究，2008(4):110-115，149.

[12] 尕藏加.西藏宗教 [M].北京：五洲传播出版社，2017.

[13] 格勒.藏族早期历史与文化 [M].北京：商务印书馆，2006.

[14] 古格•次仁加布.阿里史话 [M].拉萨：西藏人民出版社，2003.

[15] 古格•次仁加布.传奇阿里 [M].北京：中国藏学出版社，2014.

[16] 侯利锋，刘建兵.西藏札达土林地貌形成条件及演化过程 [J].西部探矿工程，2017，29(2):65-68.

[17] 胡一鸣，李玮琪，蒋志刚，等.羌塘、可可西里无人区野牦牛种群数量和分布现状 [J].生物多样性，2018，26(2):185-190.

[18] 黄博.试论古格时期藏传佛教诸教派在阿里地区的弘传和纷争 [J].四川师范大学学报：社会科学版，2012，39(1):161-167.

[19] 黄布凡，马德.敦煌藏文吐蕃史文献译注 [M].兰州：甘肃教育出版社，2000.

[20] 黄健，苏涛，李树峰，等.西藏札达盆地上新世植物群及古环境 [J].中国科学：地球科学，2020，50(2):220-232.

[21] 霍巍.考古勾勒出阿里文明线条 [N].中国社会科学报，2013-8-16.

[22] 霍巍，张长虹，吕红亮.西藏阿里象泉河流域卡孜河谷佛教遗存的考古调查与研究 [J].考古学报，2009(4):547-577，I0001-I0028.

[23] 加央西热.西藏最后的驮队 [M].北京：北京十月文艺出版社，2004.

[24] 李涛.曾与"丝绸之路"齐名的食盐之路 [J].中国盐业，2017(18):64-67.

[25] 李永宪.西藏日土县塔康巴岩画的调查 [J].考古，2001(6):32-38，100.

[26] 刘务林.浅谈野牦牛的起源与现状 [J].西藏大学学报：社会科学版，2007(1):114-117.

[27] 马丽华.马丽华走过西藏纪实：西行阿里 [M].北京：中国藏学出版社，2007.

[28] 乔阳.西藏盐粮交换研究 [J].粮食科技与经济，2020，45(10):141-143.

[29] 乔治•B.夏勒.青藏高原上的生灵 [M].康蔼黎，译.上海：华东师范大学出版社，2003.

[30] 任继愈，杜继文.佛教史 [M].北京：中国社会科学出版社，1991.

[31] 四川大学中国藏学研究所，四川大学历史文化学院.中国藏地考古 [M].成都：天地出版社，2014.

[32] 索朗旺堆.阿里地区文物志 [M].拉萨：西藏人民出版社，1993.

[33] 谭其骧.中国历史地图集 [M].北京：中国地图出版社，1996.

[34] 汤惠生.青藏高原的岩画与本教 [J].中国藏学，1996(2):91-103.

[35] 同美.论藏印文化视野下的冈底斯山崇拜及其特点——冈底斯山崇拜马年纪念 [J].中国藏学，2015(3):357-366.

[36] 仝涛，李林辉，黄珊.西藏阿里地区噶尔县故如甲木墓地 2012 年发掘报告 [J].考古学报，2014(4):563-587，I0011-I0016.

[37] 汪傲，赵元艺，许虹，等.青藏高原盐湖资源特点概述 [J].盐湖研究，2016，24(3):24-29.

[38] 魏佳.新疆阿尔泰山和天山地区岩画调查与研究 [D].西安：西北大学，2014.

[39] 仵君魁，张建林.西藏日土县古代岩画调查简报 [J].文物，1987(2):44-50.

[40] 西藏建筑勘察设计院.古格王国建筑遗址 [M].北京：中国建筑工业出版社，2011.

[41] 西藏自治区地方志编纂委员会.阿里地区志 [M].北京：中国藏学出版社，2009.

[42] 许德存.藏传佛教神秘现象释疑 [M].拉萨：西藏人民出版社，2011.

[43] 杨勤业，郑度.冈底斯山——念青唐古拉山线自然地理意义的探讨 [J].地理研究，1985(2):36-44.

[44] 于春，胡春勃，张建林，等 . 西藏阿里琼隆银城遗址考古手记 [J]. 大众考古，2015(12): 65-72.

[45] 张亚莎 . 西藏的岩画 [M]. 西宁 : 青海人民出版社，2006.

[46] 张云 . 象雄王国都城琼隆银城今地考——兼论象雄文明兴衰的根本原因 [J]. 中国藏学，2016(2):5-11，47.

[47] 张云，石硕 . 西藏通史·早期卷 [M]. 北京 : 中国藏学出版社，2016.

[48] 张宗显 . 西藏民俗 [M]. 兰州 : 甘肃人民出版社，2004.

[49] 赵元艺，蒙义峰，邓月金，等 . 西藏高原盐湖资源研究开发进展 [C]// 矿床学研究面向国家重大需求新机遇与新挑战——第八届全国矿床会议论文集 . 北京 : 地质出版社，2006:349-359.

[50] 周芸芸，张于光，卢慧，等 . 西藏金丝野牦牛的遗传分类地位初步分析 [J]. 兽类学报，2015，35(1):48-54.

[51] 朱大岗，孟宪刚，邵兆刚，等 . 西藏阿里札达盆地上新世—早更新世河湖相沉积中两个不整合面的发现及意义 [J]. 地质通报，2004，23(5):605-608.

[52] 朱大岗，孟宪刚，郑达兴，等 . 青藏高原河流湖泊生态地质环境遥感调查与研究 [M]. 北京 : 地质出版社，2007.